新TOEIC® TEST
入門特急
とれる600点

TEX 加藤
Ross Tulloch

TOEIC is a registered trademark of Educational Testing Service(ETS).
This publication is not endorsed or approved by ETS.

朝日新聞出版

編集協力 ——— Daniel Warriner
　　　　　　　秋庭千恵

録音協力 ——— 英語教育協議会（ELEC）
　　　　　　　Howard Colefield 🇺🇸
　　　　　　　James House 🇬🇧
　　　　　　　Andree Dufleit 🇨🇦
　　　　　　　Natasha Farrow 🇦🇺

この本を書くにあたり、この1年間で何人くらいの生徒にTOEICを教えたのかなあと思って計算してみたら、1,000人を超えていました＼(驚)／。ちょっと今はやりの「ユニークな顔文字」というものを使ってみましたが（使い方合ってるかなあ）、とにかく新米の私は、「ひえーそんなになるんかいなあ」と関西弁でつぶやきつつPCの前で軽くのけぞってしまったわけです。

　その1,000人のほとんどは、TOEICを受けたことがない、あるいは今300〜500点台で、600点を目指しているという皆さんのお仲間なんですの、そうなのよ、奥さん。あ、この本では、まじめな内容の中に、突然こういうしょうもない文が登場することがありますので、合わないと思われた方は、今すぐ本を書棚に戻して、「公式問題集」やほかの特急シリーズを手に取られることをお勧めします。

　入門書を今こうして手にされている皆さんの大半は、中学や高校のときは英語が嫌いで、単語を覚えるのが苦手、文法って聞くとぞっとする、長文を見ただけでぐったりしてしまう、といった感じですよね。私が教えている生徒のほとんどはそうです。今こうしてTOEIC本を開いてこの部分を読んでいること自体がすごいことです。

　この本は、TOEIC200点台や300点台からスタートして、地道な努力を重ね、600点を突破していった、そうした生徒一人一人の顔を具体的に思い浮かべながら書きました。
　「先生、彼の本って、him bookだっけ？」
　「先生、フィードバックって何？」
　「先生、そんな説明じゃわかんない」

といった教室で飛び出す衝撃的な言葉の数々が僕（私ではなくあえて僕と書きます）を成長させてくれました。そうして生徒と過ごした宝物のような一年間のエッセンスをこの本に詰め込んだつもりです。

　この本の目的は、読者の皆さんに、笑顔でTOEIC600点を突破していただくためのきっかけを作ることです。「楽しく真剣に」勉強を続ければ、皆さんも600点は突破できます。私もこの一年間でたくさんの笑顔を見てきました。「やる気」と「笑顔」で600点をクリアしましょう。

　最後になりますが、単なるTOEICオタクのサラリーマンだった私にかけがえのない指導の場を与えてくださった、エッセンス イングリッシュ スクール、神田外語学院、明海大学の皆様、私を生んでくれた両親と妹、「テックスー」と親しみを込めて生徒に呼ばれるきっかけを作ってくれた実家の亡き愛犬TEX、ブログの読者の皆様、職場の同僚の皆様、執筆の機会を与えてくださった朝日新聞出版様、何よりも1000人の生徒の皆様に心から感謝いたします。

初雪の降った東京郊外の自宅にて
TEX 加藤

Getting 600 on TOEIC a big challenge, but it is possible. This book will help you learn the English you need to improve your TOEIC score. Keep your eye on the goal and enjoy learning. You can do it!

Ross Tulloch

もくじ

はじめに …………………………………………………… 3

Part 0	試験準備がスコアを決める ……………………… 7
Part 1	写真描写問題 ……………………………………… 21
Part 2	応答問題 …………………………………………… 45
Part 3	会話問題 …………………………………………… 79
Part 4	説明文問題 ………………………………………… 111
Part 5	短文穴埋め問題 …………………………………… 137
Part 6	長文穴埋め問題 …………………………………… 203
Part 7	読解問題 …………………………………………… 217

マークシート ……………………………………………… 268

🔊 音声ファイル ダウンロードの方法

リスニング問題に取り組むには、リスニングセクションの音源を収録した音声ファイル（MP3形式）が必要です。音声ファイルは、無料でダウンロードできます

🚃 ダウンロード手順

手順はいたって簡単です。

① パソコンを使って、以下の Web サイトにアクセスしてください。

http://publications.asahi.com/toeic/

② 『新 TOEIC® TEST 入門特急 とれる600点』のカバー画像をクリックしてください。

③ 「1冊まるごとダウンロード」をクリックしてください。

これで音声ファイルがダウンロードできますので、任意のフォルダに保存してください。ダウンロードされるファイルは zip 形式です。

> ※ iPod や IC レコーダーなど、任意の携帯プレーヤーを利用する場合は、パソコンにダウンロードした音声ファイルをコピーしてからご利用いただけます。

🚃 おまけ

本番の試験で音声が流れるのはリスニングセクションだけですが、リーディングセクションの音声もダウンロードできます。本書中に効果的な復習方法を紹介しましたので、ぜひ、音声を活用して英語力を高める練習もしてください。

出発前に

Part 0
試験準備がスコアを決める

戦いは
前日から！

TOEIC Q&A

　普通、入門用の参考書では、TOEICとは、Test of English for International Communication の略で……などといった形式的な説明から始まるのですが、ほとんどの読者が3秒で読み飛ばしてしまう情報だと思いますので、ここでは、実際に受験者の立場として、知っておく必要があると思われることのみを Q&A 形式でご説明します。

🚋 TOEICってどんな試験？

　まず、この単語は「トーイック」と読みます(笑)。「トエック」と読む方がたまにいらっしゃいますが、オヤジくさいので注意しましょう。この「トーイック」は、「ビジネス英語の基礎的な力を測る試験」とお考えください。皆さんがもし英語を使う仕事に就いたとして、どの程度英語を聞いて読んで理解できるかの目安が、10点から990点まで5点刻みの数字で示されます。試験の長さは2時間で、リスニング(約45分)とリーディング(1時間15分)の2つのセクションがあります。途中休憩はなく、2時間ぶっ続けで「英語の滝」にひたすら打たれるという、英語の苦手な方には苦行にしか思えない試験でもあります。

🚋 試験はいつあるの？

　TOEICには、一般に皆さんが受験される「公開テスト」と、普段通われている会社や学校で団体受験する「IPテスト」の2種類の試験があります。公開テストは年に8回(回数が少ない地域もあります)、1・3・5・6・7・9・10・11月

の日曜日の午後1～3時に行われ、IPテストは、テストを主催する団体が決めた日時に開催されます。

🚋 試験会場は選べるの？

　公開テストでは、全国約80都市の中から、「東京」「大阪」「福岡」といった形で受験都市を指定できます。ただし、会場までは指定できません。申し込みのタイミングと会場との関係は不明ですが、私は、申し込みがギリギリだった回で、自宅から1時間以上離れた場所が会場になったことがあり、その後は申込開始後すぐに申し込むようにしています。そのせいか、最近は毎回自宅から2駅の会場です。もしかすると、運営者側は、郵便番号から最寄りの受験会場を判別し、申込順に割り振っているのかもしれません。受験すると決めたら、自分が受験する回の申込期間をチェックして、なるべく早めに申し込みましょう。

🚋 受験料はいくら？

　ここ最近、数百円単位での微妙な値下げが続いていて、2011年5月29日㊐の試験からは、公開テストの受験料が5,565円（税込）になります。また、インターネットで申し込むと、1年後の同じ月の試験が割引になるというサービスがあり、その場合の受験料は4,950円（税込）です。IPテストの場合は、受験する団体によって受験料は異なりますが、通常は公開試験よりも安く受験できます。なお、一度支払った受験料は返金されません。学生にとっては結構な受験料ですので、せめて3,000円ぐらいになればなあと思う今日このごろではあります。

🚋 公開テストと IP テストの違いは？

IP テストの IP というのは、Institutional Program（団体特別受験制度）の略で、企業・団体・学校などで指定された日時・場所で TOEIC を受験できる制度のことです。つまり、通っている会社や学校で申し込んで、同僚や友達と一緒に受験することになります。IP テストと公開テストの問題そのものは異なりますが、難易度や形式といった試験内容は同じです。また、試験結果が判明するまでの期間は、公開試験が試験後約 3～4 週間かかるのに対し、IP テストの場合、早ければ約 1 週間後にスコアがわかります。

IP テストでは、スコアは届きますが、公開テストで発行される Official Score Certificate と呼ばれる公式のスコア認定証は発行されません。大学や企業によっては、スコアと合わせて公式認定証のコピーの提出が義務づけられることもありますから、就職活動や入試で TOEIC スコアの提出が必要な場合は注意が必要です。もちろん、それぞれの大学や会社によって条件は異なりますので、個別の大学や企業にお問い合わせされるのが一番確実です。

🚋 受験票の写真はどんなのでも OK？

OK ではありません。サイズが大きすぎたり小さすぎたり、プリクラや写真のコピーはもちろん、帽子をかぶっていたり、団体写真の一部を切り取ったり、全身が写っていたり、ななめを向いていたり、といった写真は確実に受付ではねられます。結構受付の方は写真に厳しくて、私も写真にうっすら傷がついていた際、「キズ」と書かれて署名させられたことがあります（試験前にちょっと嫌な気持ちになりました）。写真はモノクロでもカラーでも OK（公式認定証にはモノクロで

印刷されます）ですが、ちゃんとした証明写真を事前に準備しておくのが一番です。最悪、写真がなくても受験自体はできますが、公式認定証に写真が掲載されないことになりますので、就職活動等で使用される方は特にご注意ください。

🚃 TOEICでの禁止事項は？

TOEICの基本ルールとして、問題用紙への書き込みは一切禁止です。それを知らずに問題用紙に書き込みをしていると、「書き込みはおやめください」といった注意が書かれたイエローカードが出ます。それでもしつこく書き込みをしていたら、今度はレッドカードです。問題用紙と解答用紙が没収されて、採点してもらえなくなります。また、携帯電話が試験中に鳴ると、鳴らした受験者は試験を採点してもらえません。せっかく勉強してきたのに、ルール違反が原因で採点してもらえないのでは受験した意味がありませんから、「書き込み」と「携帯」にはくれぐれも注意してください。

🚃 TOEICの点数はどうやって決まりますか？

TOEICのスコアは、リスニング、リーディング別々に採点され、それぞれ5〜495点、合計10〜990点の間で、5点刻みで採点されます。点数は、リスニングが75問正解で350点、リーディングが68問正解で300点、合計スコア650点といった形で、それぞれのセクションで何問ずつ正解したかで決まります。簡単な問題も難しい問題も配点は同じですから、難しい問題で考え込まずに、できそうな問題からどんどん解いていきましょう。

また、勘で答えても減点されることはありませんから、時間が足りなくなってしまったら、運を天に任せて「全部A」

「全部C」等、とにかくマークだけはしましょう。念のため、ABCDの出る確率はほぼ同じです。ちなみに、皆さんが目標とされている600点を達成するのに必要な正答数は、問題の難易度や受験者全体のレベルによって毎回少しずつ異なりますが、おおよそ7割弱です。

公開テストの申込方法

　IPテストの場合、学校や会社で申込方法を教えてくれますし、受験方法もさまざまですから、ここから先は公開テストの申し込みから試験までの流れをご説明していきます。なお、ここに掲載している情報は2011年2月時点のものですので、今後変更になる可能性もあります。

　公開テストの申込方法は、一般的には「インターネット申し込み」か「書店・大学生協での申し込み」のいずれかです（2011年下期から携帯電話による試験申込と結果発表の確認が可能になる計画が公式発表されていますが、正式なサービスの開始時期は現時点では未発表です）。なお、申込期間は、試験実施日の約2カ月前から40日前までです。「あ、申し込むの忘れちゃった」とならないよう、申し込みは早めに済ませましょう。

具体的な申込方法

❶ インターネット申し込み

① TOEIC公式HP (http://www.toeic.or.jp/) にアクセスし、「公開テストインターネット申し込み」をクリック

② 初めての場合は、「新規ID登録」をクリックしてアカウント登録

③ 作成したログインIDとパスワードでログイン

④ 申込画面で、受験地、支払方法等を選び申し込み

⑤ 支払いが終わり、登録したメールアドレスに「TOEIC公開テスト申込受領通知」のメールが届けば申し込み完了

(注) 申込画面で、「テスト結果インターネット表示」という項目があり、「利用する」「利用しない」を選べるようになっていますが、ここで「利用する」を選ばないと、結果表示をインターネットで見ることができません。インターネットでの結果表示は、郵送よりも1週間程度早いので、スコアを早く知りたい方は、「利用する」を選びましょう。

❷ 書店、大学生協での申し込み

① 置かれている申込書に必要事項を記入し、その場で受験料を支払う。

② TOEIC送付用と保管用の2種類の領収書を受け取る

③ 申込書とTOEIC送付用の領収書をTOEIC運営委員会東京業務センター（次ページ参照）へ送付する。

　受験票は試験開始の2週間くらい前に届きます。万が一、試験1週間前になっても受験票が届かない、受験都市

を間違ってしまった、といった問題が発生した場合は、以下の問い合わせ先に連絡しましょう。

TOEIC オンライン受付センター
　TEL：03-5521-6055
　（土・日・祝日・年末年始を除く 10:00〜17:00）

㈶ 国際ビジネスコミュニケーション協会
　東京業務センター
　〒100-0014
　東京都千代田区永田町 2-14-2 山王グランドビル
　TEL：03-5521-6033　　FAX：03-3581-4783
　（土・日・祝日・年末年始を除く 10:00〜17:00）

　大阪業務センター
　〒541-0059
　大阪府大阪市中央区博労町 3-6-1
　御堂筋エスジービル
　TEL：06-6258-0224
　（土・日・祝日・年末年始を除く 10:00〜17:00）

受験票未着お問い合わせ電話番号
　（受験票未着問合せ期間内）
　TEL：03-5521-5909
　（土・祝日を除く 10:00〜17:00）
　（試験当日　8:30〜10:30）

実際の試験の流れ

🚃 試験前日

まず、以下の「TOEIC受験4種の神器」がちゃんとそろっているかを前日のうちに確認しておきましょう。

① 写真（縦4cm×横3cm）を添付した受験票

　くれぐれも試験当日になって「写真がない」という事態にならないように。写真は前日までに受験票に添付しておきましょう。

② 筆記用具

　以前、シャーペンの芯をほかの受験者に借りている人を会場で見かけたことがありますが、完全に準備不足です。シャーペンが壊れた、消しゴムを落とした、といった不測の事態に備えて、鉛筆・消しゴムとも複数用意しておくのがベストです。ちなみに私は鉛筆を3本、消しゴム2個を毎回持参しています。

③ 身分証明書

　運転免許証、学生証、社員証、パスポート、住民基本台帳カードのいずれかが必要です。忘れてしまうと受験できなくなります。

④ 腕時計

　時計がない会場もありますので、絶対に必要です。ちゃんと腕時計が動いているかは前日のうちに確認しておきましょう。なお、置き時計は基本的には不可ですので注意してください。試験前にアラーム機能がオフになっている

かをいちいち確認する必要のないアナログウオッチがお勧めです。

その他、参考書、お守り、携帯音楽プレイヤー等も、必要なら前日までにすべて準備しておきましょう。

私の趣味のテニスでは、「準備をしすぎて負けた選手はいない」「試合は前日から始まっている」という名言があります。これはTOEICでも同じです。試験前日の夜は、暴飲暴食を慎み、しっかり睡眠を取り、ここまで必要ないかな、と思うくらい入念な準備をしておくことが大切です。その上で、寝る前に一言「明日のTOEICで600点取る」とつぶやき、心の準備もすれば、試験に臨む態勢としては万全です。

🚆 試験当日

以下、当日の朝から試験開始までの流れを、順を追ってご説明します。

起床〜出発

ぎりぎりまで寝て、あわてて家を出るのは論外です。試験会場までの所要時間によって起床時間は変わってきますが、家を出るまでに少なくとも以下の3つの準備はきっちりしておきましょう。

① 朝食

取らないと脳の働きが2時間持ちません。絶対に朝食は食べてください。試験開始2時間前の11時までには朝食は済ませましょう。朝食の時間が早ければ、11時前に軽めの昼食を取ってください。私の場合、朝食は8時ごろ

に軽くパンとコーヒーで済ませ、11時前にパスタを取るようにしています。脂っこいものを食べすぎて試験中にお腹が痛くなったりトイレに行きたくなったりしては大変ですから、食事にも気をつけましょう。

　また、「TOEIC弁当」が会場で出る、といったネット上の書き込みを見たことがありますが、もちろん出ません。うわさを信じて、「お弁当はどこでもらえますか」と受付で聞いて恥をかいた人もいるそうですから、念のため。

② 4種の神器の確認

　前日に準備したものを念のために確認しましょう。万が一時計が止まっていたら大変です。

③ 軽めの音読

　私のお勧めは10分程度の「速音読」です。CDのペースよりもちょっと速めのペースで、すらすらと10分程度音読をすると、頭や気分が英語モードに切り替わります。ただし、試験前だからといってやり過ぎると疲れてしまいますので、ほどほどにして切り上げましょう。

出発〜会場到着

前日の夜に確認した電車に乗り、車内では携帯音楽プレイヤーでリスニングのウオーミングアップをしながら会場に向かいましょう。新しい参考書や単語帳をチェックして知らないことがあると不安になるだけですから、試験前は、聞き慣れたリスニング素材でリラックスされることをお勧めします。

　会場の最寄り駅に着くと、間違いなくTOEIC受験者の集団がいますから、初めての会場でも迷う心配はありません。

受験票を手に持った集団についていけば会場に到着できます。

　会場に到着すると、入り口で係員が会場案内図を配っていますから、それで自分が受験する部屋を確認します。受付時間は11時半から12時20分です。必ずこの時間内に会場に到着するようにしてください。交通機関の乱れ等、何らかの事情で上記の時間に遅刻した場合は、あきらめて家に帰るのではなく、必ず会場の担当者に個別に相談してください。遅刻者のための別部屋が用意されていて受験できる可能性もあります。

受付〜試験開始

　自分が受験する部屋の入り口で、受験票と身分証明書を見せて、受け付けが済んだら入室します。席はあらかじめ決まっていて、黒板に受験番号と席の配置が書かれていますから、それを見て、自分の席を探しましょう。それぞれの座席の机の上には受験番号カード（受験番号が書かれた紙）が置いてあるので、それを見て自分の席を確認します。机の上には、ほかに「TOEIC公開テスト受験のしおり」と、解答用紙が置かれています。会場の前方真ん中の机の上にCDラジカセが置いてあれば、リスニングの試験は、館内放送ではなく、そのCDラジカセを使って行われます（だからといって不利にはなりません）。

　私の場合は、この時点で、「受験のしおり」の記入例を見ながら、氏名や受験番号等の必要事項をすべて記入してしまいます。後で3分間の記入時間が設けられているので、もちろんそこで記入しても構いません。そこから12時20分ま

では自由時間です。席で勉強しても構いませんが、直前の休憩時はトイレが混むので、なるべくこの時間にトイレは済ませ、それ以降は余分な水分は取らないようにしましょう。私はこの時間帯には、トイレを済ませ、所定の場所でキットカットで最後の栄養補給をして、部屋の外で軽く体操をしています。

　12時20分までには席に戻り、着席しましょう。しばらくすると係員が入ってきて、「本日はTOEIC公開テストをご受検いただき、誠にありがとうございます。私、本日この会場の試験監督を務めますTEX加藤と申します」といったお決まりのあいさつの後、試験内容や注意事項に関しての日本語のアナウンスが流れます。解答用紙への必要事項の記入時間はここで3分間設けられています。その後、リスニングの音テストが行われます。よく聞こえない場合や、会場の設備に不備がある場合は、思い切って挙手をして申し出ましょう。私の会場でも、「ボリュームをもう少し上げてください」「音が割れて聞きづらいので、少し音量を下げてください」「冷房が直撃して寒すぎるので席を移動したい」といったリクエストが受験者から出て、試験官の方が対応しているシーンを見たことがあります。音テストの後、「それではこれより10分間の休憩に入ります」というアナウンスが係員からあり、12時45分まで10分間の最後の休憩に入ります。この10分間は、リラックスして集中力とやる気を高めましょう。

　休憩後、12時45分には着席し、いよいよ試験です。まず、数名の係員が、身分証明書で本人確認をしながら、受験票の半分（写真が貼ってある方）を回収しつつ、携帯電話の電源が切れているかを順番にチェックしていきます。

それが終わったら、問題用紙の配布です。問題用紙にはシールで封がされていて、試験開始の合図があるまでは封を切ることはできません。問題用紙には受験番号欄と氏名欄がありますので、忘れずに記入しましょう。問題用紙が配布されてから13時までの数分間は、会場全体に張り詰めたような緊張感と静けさが広がります。この時間、私は深呼吸をしつつ、目を閉じて集中力を高めています。きょろきょろ周囲を見渡すと集中力がそがれますから、視線はなるべく自分の机の上以外には向けないようにしましょう。

　そうした沈黙を破るように、「まもなくリスニングテストを開始いたします。シールを切って、問題用紙を開いてお待ちください」という日本語のアナウンスが流れてきたら、シールを切っていよいよテストが始まります。細かいことですが、このシールを切るのに四苦八苦している人をたまに見かけます。シールを手で破ろうとするとうまくいかないことがありますので、シールの内側に指を差し込んで、スパッと切ってください。私は受験票の残り半分を差し込んでスパッと美しく切るのが好きなのですが、受験票の保存状態が悪くてふにゃふにゃになっているとうまく切れませんので、指で切ることをお勧めします（それで指が切れて流血したケースは聞いたことがないので、大丈夫なはずです）。

　封を切った数秒後に、「Listening test. In the listening test…」とリスニングセクションの問題形式の説明が始まり、ここから先は2時間すべて英語だけの世界に突入です。

いざ出発！

Part 1

写真描写問題

本番では 10 問出題されます。

最初から
トップスピードで！

パート1って何？

　写真を見ながら4つの選択肢を聞いて、写真の内容を正しく説明している答えを1つ選びます。全部で10問出題されます。問題用紙に掲載されているのは写真のみで、選択肢の英文は掲載されていません。流れてくる英文をしっかり聞き取って答えましょう。パート1は、TOEICの7つのパートでは「1」番やさしいパートといえます。写真が見た目にも楽しく、教室でも、「リスニングが全部パート1だったらいいのになあ」（それは無理）といった声も聞かれる人気のパートです。

　パート1では、問題に入る前に、リスニングセクション全体とパート1の問題形式の説明（もちろん英語です）が約1.5分流れます。これは、問題形式がわかっていれば聞く必要のない内容ですから、聞き流して大丈夫です。ただし、その間、ぼーっとしていてはいけません。皆さんは、この時間を利用して、10枚の写真をパラパラと眺め、「こんな写真が出るのか」と頭にインプットし、心の準備をしておくことが大切です（この時間を利用してパート3の最初の3問に目を通す作業も必要ですが、それはパート3のところで説明します）。試験に臨む集中力を高め、「やったるで― フン（鼻息）!」ぐらいの意気込みで臨戦態勢に入ってください。

　パート1で使われる写真はすべてモノクロ（色に関する選択肢は出題されません）で、回によっても異なりますが、10枚中7〜8枚が、人が何かをしている様子を写した人物写真で、2〜3枚がモノや風景の写真です。写真の場所は、会社、家庭、レストラン、路上、建設現場、公園、海などさまざまですが、内容は、普段の生活の中で目にするシーンばかりです。

ある公開試験で、港で作業をしている巨大なガンダムのモビルスーツのような機械の写真が登場し、受験者の間で、「あれはいったい何だったんだ？」「ゴジラと映画で戦ったエビラでは」などと話題騒然となったこともありましたが、そういう普段あまり見かけないモノの写真が試験に登場することはめったにありません。

　それでは、実際にサンプル問題を見てみましょう。ここでは、最も多く出題される「人が一人の写真」を取り上げます。

放送される英文（実際には印刷されていません）

(A) He's putting on a T-shirt.
(B) He's turning on a player.
(C) He's reading a book.
(D) He's adjusting his watch.

(A) 彼はTシャツを着ようとしている。
(B) 彼はプレイヤーの電源を入れようとしている。
(C) 彼は本を読んでいる。
(D) 彼は時計の位置を調整している。

正解 (C)

□ **turn on a player** プレイヤーをオンにする
□ **adjust**（位置などを）調整する

一人が写っている人物写真でまず注目すべき点は、「イケメンかどうか」ではなく、その人物の動作です。この写真では男性がソファに座って何かを読んでいます。パート1で出題されるのは、選択肢のように、基本動作を示す「動詞」と、日常的に目にするモノを示す「名詞」を組み合わせた「動詞＋名詞」のシンプルな文です。

　また、He's not using a computer.（彼はPCを使ってはいない）のような、notを使った否定文は出題されません（出たら私も正解できません）ので、写真の人物が行っていない動作を示す動詞や、写真に写っていない名詞が聞こえたら確実に不正解です。たとえば、この写真で、stand（立つ）やwalk（歩く）という動詞や、computerという名詞が聞こえたら、その選択肢は間違いということになります。「彼は本を食べている」「彼は本を散歩している」といったありえない選択肢も出ません。

　では、こうしたポイントを頭に入れて、サンプル問題のそれぞれの選択肢を、見ていきましょう。
　まず(A)は、TOEIC定番のひっかけです。「え、put onって"着る"って意味でしょ。この人Tシャツ着てるじゃないの。何が間違いだっていうのよ、このハゲオヤジ」と思われた方もいらっしゃるかもしれませんが、put onは"着る"という動作を表します（He'sはHe isの短縮形）。ですから、(A)は、「彼はTシャツを着る動作をしているところだ」、つまり、「彼はTシャツを着ようとしている」という意味になります。写真はすでにTシャツを着た状態ですから、(A)は不正解です。

　では、「彼はTシャツを着ている」という状態を表現したければなんと言えばよいのでしょう？　皆さんがうら若き乙女・

紅顔の美少年だった中学生時代に習ったはずの、もう1つの「着る」「身につける」という意味の単語「wear」を使えばいいのです。He's wearing a T-shirt. とすれば、「彼はTシャツを着ている」という状態を表すことができるので、この写真でも正解になります。put on と wear の違いは、パート1で定期的に出題される重要なポイントなので、後で何度か復習します。

　続く (B) の turn on は、「スイッチをオンにする」という意味の重要表現です。(B) は「彼はプレイヤーの電源を入れようとしている」という意味になります。写真の後ろにプレイヤーらしきものが見えますが、彼は見向きもしていません。turn on は、turn on a computer（PCの電源を入れる）、turn on a light（電気をつける）、turn on water（水を出す）といった形で、さまざまなものを「オン」にするのに使われます。ちなみに、この本を読んで勉強されているということは、皆さんの「TOEIC やる気スイッチ」が turn on されたということです（無茶なこじつけ）。

　もう1つ、この選択肢 (B) で大事なポイントがあります。皆さんがもし、「turn on a player」という表現を知らなければ、その場で正解か不正解かの判断をすることはできませんよね。選択肢を聞いたときに、頭の中に「？」が浮かぶ状態です。その場合は、必ず鉛筆をマークシートの (B) のところに置いたままにして (C)(D) を聞くようにしてください。鉛筆を離してしまうと、保留にした選択肢を忘れてしまう可能性があるからです。「そんなの大丈夫だよ。B か C かぐらい忘れないよ」と思われるかもしれませんが、実際、私の生徒によくあるのが、以下の思考パターンです（「 」内は選択肢を聞いた瞬間の生徒の頭の中のイメージ）。

(A)「ちがーう」→ (B)「わかんなーい」
→ (C)「ちがーう」→ (D)「あれ、ぜんぜんちがーう」

　こうした場合、たいてい (D) が正解になると思って聞いているので、そこに「ぜんぜんちがーう」選択肢が聞こえてくると、「なんでー」とショックを受けてしまい、試験本番の独自の緊張感もあって、「やばい、さっき微妙だと思ったの、(B) だっけ (C) だっけ」とすっかり忘れてしまうのです。そうならないよう、「パート1で答えを保留にする際は、鉛筆を置いたままにする」ことを意識するようにしましょう。

　続く (C) が正解です。「彼は本を読んでいる」ですね。(B) に鉛筆を置いて保留にした状態で (C) を聞いて、こっちが正解だと思ったら、(C) に鉛筆をすばやく移動させてください。

　最後の選択肢 (D) の adjust は、位置などを「調整する」という意味で、パート1によく出てくる単語です。たとえば、彼が会議室でプロジェクターを調整している写真であれば、He's adjusting a projector. といえます。(D) は、「彼は腕時計の位置を調整している」という意味になりますが、ここでは腕時計には触れていないので不正解です。

　いかがでしたか。おおよそパート1がどんな感じの試験なのかはつかめたでしょうから、ここからは練習問題にチャレンジしてみましょう。「人が一人の写真」、「人が二人以上の写真」、「人が写っていない写真」の3つのタイプに分けて練習していきます。

基本問題
【1~5】

1. ◀ 02

Ⓐ Ⓑ Ⓒ Ⓓ

2. ◀ 03

Ⓐ Ⓑ Ⓒ Ⓓ

3.

Ⓐ Ⓑ Ⓒ Ⓓ

4.

Ⓐ Ⓑ Ⓒ Ⓓ

5.

Ⓐ Ⓑ Ⓒ Ⓓ

人が一人の写真

(A) She's cleaning the board.
(B) She's wearing a short-sleeved shirt.
(C) She's adjusting the clock.
(D) She's facing the audience.

(A) 彼女はボードを消している。
(B) 彼女は半そでのシャツを着ている。
(C) 彼女は時計の位置を調整している。
(D) 彼女は聴衆の方を向いている。

この問題は、サンプル問題で見た put on と wear の違いの復習です。「半そでのシャツ」は英語では short-sleeved shirt といいます。彼女は半そでのシャツを着ているので、(B) が正解です。もちろん、She's putting on a short-sleeved shirt. なら、「彼女は半そでのシャツを着ようとしている」という意味になるので間違いです。(A) の clean (消す)、(C) の adjust (位置を調整する) は、していない動作です。(D) の face は重要な動詞で、「〜の方を向く」という意味です。face は「顔」ですから、顔を向けるイメージですね。She's facing the board. (彼女はボードの方を向いている) な

ら正解になります（ホワイトボードは英語では whiteboard
または単に board です）。

正解 (B)

□ **clean** 掃除する　　□ **board** ホワイトボード
□ **short-sleeved** 半そでの　□ **adjust**（位置等を）調整する
□ **face** 向く　　□ **audience** 聴衆

基本問題 2
03

(A) A man's drinking from a glass.
(B) A man's putting on a T-shirt.
(C) A man's sitting at a table.
(D) A man's picking up a chair.

(A) 男性がグラスで飲んでいる。
(B) 男性がTシャツを着ようとしている。
(C) 男性がテーブルに座っている。
(D) 男性が椅子を持ち上げている。

　　この本の読者の皆さんは (B) を選んではいけません。
「フフ、これは引っかけね」と笑顔で軽く受け流しましょう。(A) の drink や (D) の pick up（持ち上げる）はしていない動作ですから不正解です。(C) だけが正しい「動詞＋

名詞」の組み合わせなので、これが正解になります。もちろん、先ほどの問題で覚えた、A man's wearing a short-sleeved shirt. という表現や、サンプル問題と同じ A man's reading a book. といった表現でも正解になります。こうして正解以外の選択肢を自分で考えてみると、パート1のスコアアップにつながりますし、スピーキングのいい練習にもなりますよ。

正解 (C)

□**drink from** 〜から飲む　　□**pick up** 持ち上げる

基本問題 3　人が二人以上の写真

◀ 04

(A) Some people are crossing the street.
(B) Some chairs have been stacked outside.
(C) Some people are walking side by side.
(D) Some windows are being washed.

(A) 数人が通りを渡っている。
(B) いくつかの椅子が屋外で積み重なっている。
(C) 数人が並んで歩いている。
(D) 数枚の窓が洗われているところだ。

二人以上の人が写っている写真では、人の位置関係を示す表現がよく出題されます。その代表例がこの問題の正解の (C) です。side by side で「並んで」という意味です。同じ意味を表す表現として、next to each other（隣り合って）も重要で、Some people are walking next to each other. とすれば同じ意味を示すことができます。(B) の stack は「積み重ねる」という意味で、パート1によく登場する重要動詞です。ここの、have been stacked という、「have/has + been + 動詞の -ed」の形は、「すでに〜された状態だ」という意味を表します。ですから、(B) を直訳すると、「椅子が屋外ですでに積み重ねられた状態だ」という意味になり、積み重ねられた椅子の写真であれば正解になります。続く (D) を見ると、動詞の部分が are being washed となっていますね。この「is/are + being + 動詞の-ed」の形は、「今〜されているところである」という意味です。もし、この写真で、誰かが窓を洗っていれば正解になります。この2つの動詞の形の意味の違いは、パート1ではとても大事なので、しっかり覚えておいてください。「been」が「ベン」、「being」が「ビーン」と発音される音の違いも音声で確認しておきましょう。

正解 (C)

- □ **cross the street** 通りを渡る
- □ **stack** 積み重ねる　類 **pile** 山積みにする
- □ **side by side** 並んで

(A) Some people are going up to the next floor.
(B) Some people are watching a monitor.
(C) Some people are turning on the lights.
(D) Some people are leaning over the railing.

(A) 数人が次の階に上がっている。
(B) 数人がモニターを見ている。
(C) 数人がライトをつけている。
(D) 数人が手すりから身を乗り出している。

三人以上の人が写っているタイプの写真も毎回1～2題出題されます。このタイプの写真では、全員が行っている動作に注目してください。ここでは、人がエスカレーターで上の階に移動していますから、(A) が正解です。(B) の monitor や (C) の lights、(D) の railing (手すり) といった写真に写っている名詞も間違いの選択肢に使われますから、しっかり「動詞」を聞き取るのがポイントです。(C) の turn on はサンプル問題で勉強した重要表現。(D) の lean (もたれる、寄りかかる) もパート1では頻出の単語ですから、合わせて覚えておきましょう。(例) They are leaning on a railing. (彼らは手すりに寄りかかっている)

正解 (A)

□ **turn on the lights** ライトを点灯する
□ **lean over** 身を乗り出す   □ **railing** 手すり

人が写っていない写真

(A) The light is being turned off.
(B) Some dishes have been set for a meal.
(C) There are some empty chairs around a table.
(D) Diners have been seated indoors.

(A) ライトが消灯されているところだ。
(B) お皿が食事のために用意された。
(C) テーブルの周りにいくつかの空の椅子がある。
(D) 食事客が屋内で座っている。

　　毎回2～3枚出題される人が写っていない写真は、このように、主語が全部異なるケースも多く、10枚の中での難易度は高めになります。まず (A) は、「今～されているところだ」という意味を表す動詞の形ですが、ここでは消灯する人が写真にいません。(B) は、「すでに～された状態だ」という意味を表す動詞の形で、「お皿が食事のためにすでに用意された状態だ」という意味ですが、お皿は写っていませ

ん。続く (C) が正解で、empty は「空の」の意味です。この There is/are 〜. の形もパート1の選択肢にはよく出てきます。最後の (D) の diners (発音：ダイナーズ) は「食事客」という意味です。「ダイニング」といえば日本語でも「食事」を意味しますが、この diner は、dine (発音：ダイン)「食事する」という動詞に、人を表す -er がついてできた単語です。リスニングセクションでよく登場する単語ですから、しっかり覚えておきましょう。また、be seated は「腰かける、座る」という意味です。Diners are sitting indoors. でも同じ意味を表すことができますが、「座る」を表すこの2つの表現はパート1頻出ですから、両方押さえておきましょう。

正解 (C)

- □ **turn off** スイッチをオフにする
- □ **set** 配置する
- □ **meal** 食事
- □ **empty** 空の
- □ **diner** 食事客

いかがでしたか？ 次ページからは本番レベルの実戦問題に挑戦です。テスト本番のつもりで集中して取り組んでください。

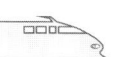

パート1　実戦テスト

1. 🔊 07

Ⓐ Ⓑ Ⓒ Ⓓ

2. 🔊 08

Ⓐ Ⓑ Ⓒ Ⓓ

3.

ⒶⒷⒸⒹ

4.

ⒶⒷⒸⒹ

38　Part 1　写真描写問題

パート1 実戦テスト 解答・解説

1.

(A) He's working on a roof.
(B) He's standing on a ladder.
(C) He's opening a window.
(D) He's climbing a staircase.

(A) 彼は屋根の上で作業をしている。
(B) 彼は、はしごの上に立っている。
(C) 彼は窓を開けている。
(D) 彼は階段を上っている。

正解 (B)

正解の (B) の ladder (はしご) はパート1の頻出語。A ladder is propped up against the wall. (はしごが壁に立てかけられている) といった形でも登場する。(D) の staircase「(手すりのついた屋内の) 階段」も実際に出題例のある重要語。例 Some people are gathered near a staircase. (階段の近くに数人の人が集まっている)

- □ **roof** 屋根　　□ **ladder** はしご　　□ **climb** 上る
- □ **staircase** (手すりのついた屋内の) 階段
- □ **prop up against**〜　〜に立てかける

39

2.

(A) Some people are waiting at the intersection.
(B) Pedestrians are crossing the street.
(C) Goods are being unloaded from a truck.
(D) Some vehicles are stopped for passengers.

(A) 数人が交差点で待っている。
(B) 歩行者が通りを渡っている。
(C) 品物がトラックから降ろされているところだ。
(D) 数台の乗り物が乗客のために停車している。

正解 (A)

intersection（交差点）、pedestrian（歩行者）、passenger（乗客）は重要語。また、パート1では、(D) のように、car、train、bus といった単語の代わりに vehicle（乗り物）という単語がよく登場する。ちなみに、「六人が…」のように数を数えさせる問題は出ないので、写真の中の人やモノをいちいち数える必要はない。

- □ **intersection** 交差点　　□ **pedestrian** 歩行者
- □ **goods** 商品　　□ **unload** 荷卸しする　　反 load 積み込む
- □ **vehicle** 乗り物　　□ **passenger** 乗客

3.

(A) The man is taking a picture of a woman.
(B) There is a painting hanging on a wall.
(C) Some tools are laid out for sale.
(D) An artist is drawing a portrait on the ground.

(A) 男性が女性の写真を撮っている。
(B) 壁に1枚の絵がかかっている。
(C) いくつかの道具が販売用に並べられている。
(D) 芸術家が地面の上に肖像画を描いている。

正解 (D)

ちょっと難しめの応用問題。draw a portrait「肖像画を描く」は実際に出題例がある表現。lay out（並べる）もパート1重要表現。ちなみに、パート1で問われるのは、あくまで写真から客観的に判断できることのみで、「この男性は大泉洋に似ている」といった個人の意見や感想は出題されない。

- □ **take a picture** 写真を撮る   □ **painting** 絵
- □ **hang on a wall** 壁にかかっている   □ **tool** 道具
- □ **lay out** 並べる   □ **for sale** 販売用に
- □ **draw a portrait** 肖像画を描く   □ **ground** 地面

4.

(A) Some items are being stacked.
(B) Some baskets are being filled with fruit.
(C) Some food items are displayed for sale.
(D) Some people are shopping for food.

(A) 商品が積み重ねられているところだ。
(B) いくつかのかごに果物が詰め込まれているところだ。
(C) いくつかの食べ物が販売用に展示されている。
(D) 数人が食べ物を買っている。

正解 (C)

基本問題にも登場した(A)の stack は「積み重ねる」という意味のパート1重要語。類語の pile (山積みにする)とは違い、stack は「きれいに積み重ねる」というニュアンスがある。(A)(B)はともに「今～されているところだ」という意味になる動詞の形なので、動作をしている人がいないこの写真では不正解。ちなみに、「リンゴ」「バナナ」といった具体的な果物の名前は写真からは判断が難しいこともあり、正解になるケースはこれまでのところない。

□ **stack** 積み重ねる　　□ **basket** かご
□ **be filled with**～　～でいっぱいだ　　□ **shop** 買い物をする

のTOEICのツボ

パート1をあなどるな

　パート1が、「8問以上できて当たり前」だったのは数年前までの話で、2009年以降の公開テストでは、上級者でも答えに迷う問題がほぼ毎回2・3題出題されるようになりました。実際、私の生徒でも、「パート1で4問わからない問題があったけど930点だった」といったケースもあるくらいです。

　などと偉そうに書いている私も、ほかのパートは全問正解だったのに、パート1で1問間違ってしまった、ということが2回もあります。ですから、600点を目指す皆さんが公開テストを受験して、自信がない、あるいはわからない問題がパート1で3・4問あっても、それは普通のことですからご安心ください。

　生徒からはよく試験後に、「パート1ができなくて落ち込んじゃった」「パート1ができないとやる気がなくなる」といった声を聞くのですが、それではいけません。大切なのは、落ち込まないことです。

　読者の皆さんは、この本で勉強したことをしっかり覚えて試験に臨んだ上で、答えがわからない問題が数問あっても、すぐにパート2以降に気持ちを切り替えましょう。

　もちろん、「8問以上できたぞ」という手ごたえがあったら、絶好のスタートです。「これは600点いけるぞ」と自信を持って次のパートに勢いよく進みましょう。

🚌 パート1 ここが狙い目 10単語　　🔊 11

空所に入る単語を考えてみましょう。答え合わせをしたら、音声を聞いて必ず発音を確認してください。

① A man is using a (c-----).
　男性がコピー機を使っている。

② A chair is (f-----) the ocean.
　椅子が海の方を向いている。

③ A passenger is (b-------) a bus.
　乗客がバスに乗り込んでいる。

④ A man is (k-------) on a floor.
　男性が床の上にひざをついている。

⑤ A woman is (c---------) a cable.
　女性がケーブルをつないでいる。

⑥ All the (d------) are closed.
　引き出しが全部閉まっている。

⑦ (C-------) is displayed for sale.
　調理器具が販売用に並べられている。

⑧ A woman is (s-----) an item of clothing.
　女性が服を縫っている。

⑨ Some people are (g-------) near a piano.
　数人がピアノの近くに集まっている。

⑩ Customers are (b-------) some products in a store.
　お客様が店内で商品を見て回っている。

---

① copier　② facing　③ boarding　④ kneeling　⑤ connecting
⑥ drawers　⑦ Cookware　⑧ sewing　⑨ gathered　⑩ browsing

迷わず進もう！

Part 2

応答問題

本番では 30 問出題されます。

主人公は私！

パート2って何？

このパートでは、相手からの短い問いかけを聞いて、3つの選択肢の中から、正しい返事を1つ選びます。問いかけの内容は、皆さんが海外でお仕事をしていたとしたら、日常生活のさまざまな場面で耳にするものばかりです。

「今度の会議はいつですか」「人事部はどこですか」「TEXさんのプレゼンどうでしたか」といった仕事関係の内容が中心ですが、「今日外でランチしようよ」「この部屋暑いね」といったオフィスでの雑談や、「ご注文はお決まりですか」「こちらのお店に地図は置いていますか」といった社外のシチュエーションでの問いかけもあります。それらの問いかけに対して、自然な会話になる答えが正解になります。

では、さっそくサンプル問題で問題形式を確認してみましょう。

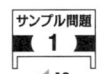

サンプル問題 1
🔊 12

実際には問題用紙には何も掲載されていません。

Q. Where is the post office? 郵便局はどこですか。

(A) Yes, I mailed it already. はい、すでに郵送しました。
(B) I think it closes at five. 5時に閉まると思います。
(C) Right across the street. ちょうど通りの反対側です。

正解 (C)

「郵便局はどこですか」って尋ねられて、(A)で答えたら会話になっていませんよね。さすがに郵便局をゆうパックで郵送できる人はいません。(B)の答えも、「アホか！

46 Part 2 応答問題

ワシが聞いてんのは時間とちゃうねん。場所やねん」と言われてしまうこと確実です。(C) はちゃんと普通に会話が成立していますから、これが正解です。

> □ **post office** 郵便局　　□ **mail** 郵送する
> □ **already** すでに　□ **close** 閉まる　□ **right** ちょうど
> □ **across the street** 通りの反対側

　パート2では、こんな感じの問題が30問続きます。「パート2は時間にすると約10分です」と聞くと短く感じますが、実際にやってみるとかなり疲れます。私が普段指導している大学や専門学校でも、授業始まりの春先は途中で失神する学生が続出します。このパートは、言ってることはよくわからないけど、心地よい一定のリズムがある「お経」に通じるものがあるんです。最初は起きていた生徒たちが、バタバタと次々に机の上に突っ伏していく春の怪奇現象が起きます。「先生、私最近よく眠れないんです」という生徒には、「パート2を聞きなさい」とアドバイスしたくなるくらい快眠効果が高いパートです。

　パート2は、英文自体が短いので一見簡単そうに思えますが、一瞬の勝負なので、頭の中でぱっと瞬間的に質問と応答が結びつかないと解けません。特に学生の場合、ビジネスの背景知識が少ないこともあって、苦手にしている子が多いパートです。授業中も、「パート2できなーい」という悲鳴がしばしば耳に入ってきます（聞こえても華麗にスルーしますが）。

　とはいえ、コツさえつかめば急速にスコアを伸ばせるパートでもありますので、次ページ以降でしっかり練習して、スコアアップのコツを身につけましょう。

パート2の特徴

このパートには以下の3つの特徴があります。ざっと読んで頭に入れてください。

最も集中力が必要

パート2は、ほかのパートとは異なり、問題用紙には何も印刷されていないので、皆さんの耳だけが頼りです。特に、問いかけの最初の1・2語（When・Where・How long 等）を聞き取れるか否かが勝負の分かれ目、天下分け目の関ヶ原の合戦です。本番の試験中に、「そういえば関ヶ原の合戦って誰と誰の戦いだっけか」などと余計なことを考えて、最初の部分を聞き逃してしまったら「後の祭り」です。「パート2の神様に後ろ髪はない」のです（私には前髪もありません）。パート2は、すべてのパートの中で最も高い集中力が要求されるパートです。特に質問文の冒頭部分には鼻血が出そうなくらい集中してください。いいですねっ、皆さんっ、わかりましたねっ、ガチャガチャガチャ（書いているうちに興奮してキーを強く叩く音）。とにかく、テスト本番では、「私がこの問いかけを聞き取れるかどうかに人類の命運がかかっている！」というぐらいの気合いで集中してください。

最もワナが多い

ほかの6つのパートの答えはすべて4択ですが、このパートだけは3択です。それがなぜなのか、といいますと、実はですね、私にもわかりません（なんだよー）。この点に関してご興味のある方はTOEIC運営委員会の中の人に聞いていただいても結構ですが、そんなことをしている時間があったらリ

スニングの勉強に時間を割くべきです（だったら最初から書くなよー）。

　で、ですね、ここだけの話、皆さんだけにちょっと耳寄りな話がありましてね。3択ということは、「ずばり、勘が当たる確率がほかのパートよりも高い」ということなんです。それなのに、このパートを苦手としている生徒は、勘がほとんど外れます。といいますのも、問題を作る側は、そういう「勘頼み」の人がたくさんいることは先刻承知の助で、「勘」が当たらないように意地悪なワナを張りめぐらせていて、それに引っかかってしまっているからなんです。逆にいえば、そういうワナに引っかからないようにすれば、高得点が期待できるパートです。後でワナのかわし方についてのワンポイントレッスンを行います。

最もペースが速い

　パート2は、問題と問題の間が5秒しかなく、全パートの中で最もペースが速く感じられるパートです。「AかC、どっちにしようかなあ」などと迷っていると、あっという間に次の問題に進んでしまいます。ですから、迷ってもとにかく答えはどれか1つに決めて即マークしてください。「とりあえず保留にしておいて、後で戻ってこようっと」などとのんびり昆布茶をすすっている場合ではありません。

　私はよく生徒から、「パート2でマーク欄がずれた」という報告を受けるのですが、こういう悲劇が起きるのは、どこかで答えを保留にしているからです。マーク欄を空白にしたり、2つ塗ったりすると、絶対に途中でわけがわからなくなってしまいます。パート2は「即断即決」が鉄則です。「私って決められない人なんだよねー」という方も、TOEICの試験中だけは「決められる人」になってください。この決断力を養うには、

ファミレスに入ったら、5秒でメニューを決める「5秒メニュー決めトレーニング」が有効です(ほんまかいな)。また、「やっぱさっきのCだったかなあ」などと、前の問題を引きずると、次の問題に影響が出ます。別れた相手との未練をすっぱり断ち切るのもこのパートでは大切な心構えの1つです。

パート2の戦略

　パート2の概要はつかめたと思いますので、ここからは対策に入ります。ちまたの参考書を見ると、パート2対策としていろいろな試験テクニックが掲載されていますが、普段授業で300〜500点台の生徒を教えている実感として、600点を目指すレベルでは、本番でそうしたテクニックを使っている余裕はまずありません。「えっと、WhenとかWhoとかで始まる質問文には、Yes/Noで答えることはできないから…」などと考えていると、あっという間に次の問題が始まってしまいます。これは、テニスの初心者に試合前に技術的なアドバイスをしても、いざ試合が始まると、ボールをコートに返すのに精いっぱいで、とてもそんな技術を使うだけの余裕がないのと同じです。基礎体力や経験値が不足しているので、「頭ではわかっていてもできない」わけです。

　この本の中で、パート2対策として読者の皆さんに私が押さえていただきたいポイントは2点だけです。普段の学習の際、まずはこの2つだけを意識すれば、パート2のスコアアップが可能なんです。

❶ 主人公は私！

　このパートでのやり取りを、「あっしには関係のないことでござんす」と、どこかの知らない人同士の会話をそばで聞いているかのような意識で聞いていてはいけません。話しかけられているのは皆さんなんです。「えっ、そうなの」と驚いている場合ではありませんよ。

　たとえば、最初に見たサンプル問題の、「郵便局はどこですか」「ちょうど通りの反対側です」というやり取りを例に取ってみましょう。皆さんが道を歩いていたら、どこかの知らない外国人に、「すんません、郵便局はどこでっか」と英語で話しかけられたわけです。それに対して皆さんが、「ちょうど通りの反対側ですよ」と英語で答えてあげて、相手の人が「Thank you. おおきに」と嬉しそうにお礼を言って立ち去っていった、そういうシーンをイメージしてください。なんだか気持ちいいですよね。逆に、不正解の選択肢の、「はい、すでに郵送しました」「5時に閉まると思います」って、自分だったら絶対にそんなふうに答えないはずです。もちろん、「ここから3つ先の通りを左に曲がったところですよ」とか、「すみません、よくわかりません」とか、「この辺にはないですよ」といった答えだったら考えられます。要は、答えがちゃんと会話になっていれば何でも OK です。

　こうしてパート2の問いかけを、単なる試験問題ではなく、「自分が話しかけられた」とイメージすることができるようになると、勉強が楽しくなりますし、スコアも伸びます。「会社で働いている自分」「お店で食事をしている自分」「店員さんになって接客している自分」「フライトアテンダントになった自分」といった "いろいろな自分" を空想しながら、英語での

問いかけに、英語でどんどん返事をしているシーンをイメージしましょう。

<u>「英語がペラペラな自分になりきる」「主人公は私！」という意識を持つこと</u>が、パート2のスコアアップには最も大切です。実際、これができるようになった生徒からは、「先生、スコア表のパート2のとこが100%だった」といった報告を受けることがよくあります。この本の中では、皆さんにこの意識を持っていただくため、それぞれの練習問題に、会話のシーンをイメージした「シーン」のコーナーを設けてあります。このコーナーを活用し、「ヤマトナデシコ七変化（古い）」を歌いながら、"いろんな自分"になりきって、スコアアップを目指しましょう。

❷ 単語で答えを選ばない

このパートの特徴のところで触れましたが、パート2は全パートで唯一選択肢が三択なので、理論上は、「勘」が当たる確率がほかのパートより高くなります。でも、「ヤマ勘」で答えを選んだ人が高確率で正解できてしまっては、英語によるコミュニケーション能力を測定する試験としてはまずいですよね（私は別にそれでもいいよ、とおっしゃる方は、ちょっと都合が悪いので、あっちで単語の勉強でもしててください）。

ということで、パート2には、「勘」で答えを選んだ受験者が正解できないように、問題を作る人が仕掛けた意地悪なワナがたくさんあります。このパートで高得点を取るためには、そうしたワナがあるということを知った上で、張り巡らされたトラップを、ルパン三世のように軽やかにかわしていかなければならないのです。

こうしたワナを避けるためのコツとして、この本の中で皆さんに覚えていただきたいのは、たった1つ、「<u>単語で答えを選ばない</u>」という意識を持つことだけです。これだけで出題者のワナをかなりの確率でかわすことができるんです。

たとえば、次のような問題が出たとします。

サンプル問題
2
🔊 13

Q. When is our staff meeting?
　(A) To meet a new manager.
　(B) All department staff.
　(C) Sometime next week.

　スタッフ会議はいつですか。
　　(A) 新しいマネジャーに会うためです。
　　(B) 部門のスタッフ全員です。
　　(C) 来週のどこかです。

正解 (C)

この問題で、「meetingって聞こえたから、meetって聞こえた (A) にしよー」とか、「staffって聞こえたから、staffって聞こえた (B) にするさー」などと、「単語で答えを選ぶ」のが最悪の答え方です。人間、答えがわからないと、少しでも聞こえた情報に思わず頼ってしまうものです。真っ暗闇にかすかに光がさしたように感じるんですね。

ところが、TOEICの問題作成者には心理学者の人もいて、そうした心理状態を読んでワナを仕掛けています。「単語で答えを選ぼうとする受験者」は、問題製作者側にとっては、

「飛んで火に入る夏の虫」「ねぎしょってやってきたカモ」「メシウマ（ネット用語、Wikipedia参照）」状態なのです。教室でも、300〜500点レベルのクラスでは、皆、この「単語のワナ」に面白いように引っかかってしまいます（教えている身としては面白くはなく、むしろ悲しいのですが）。「暗闇の提灯」に飛びついてはいけません。

最初に申し上げたとおり、試験本番では、「主人公は私！」という意識を持ちつつ、相手が話しかけている内容を聞き取ろうとする姿勢が最も大切です。とはいえ、どうしても聞き取れない難しい問題も当然あります。そうした問題の答えを選ぶ際、皆さんは、<u>以下の3種類の単語が入っている選択肢以外</u>を選ぶように心がけてください。これは多くの場合、問題を作った人が仕掛けたワナです。華麗にスルーして、「くっ、このワシの渾身のワナにも引っかからないとは。お主、できるな」と、海の向こうにいる問題製作者を悔しがらせましょう。

パート2で絶対に選んではいけない3つの単語

① 同じ単語
② 音が似ている単語
③ 連想できる単語

問いかけの内容をよく聞き取れなかった場合に、これらを選んだら、まず例外なく間違いです。たとえば、先ほどの例題ですと、①に該当するのはstaffです。質問文にも選択肢（B）にも入っていますよね。②は、質問文のmeetingと（A）に入っているmeetです。copyとcoffee、trainとtrainingといった組み合わせもこのタイプの定番のワナです。③は、「会

議といえばマネジャーでしょ」「会議ときたら部門だよね」といった形で連想が可能な (A) の manager や (B) の department (部門) です。「dinner といえば chicken」「big といえば small」「tomorrow といえば yesterday」といった連想できる言葉や、ペアになりそうな単語もこのタイプのワナによく使われます。

　念のために書いておきますが、この 3 種類の単語でも、もちろん正解になることはあります。大切なのは、単なる試験テクニックとして、「単語で答えを選ばない」と念仏のように唱えて棒暗記するのではなく、「相手とのコミュニケーション」を常に意識することです。普段の会話でも、相手の話をろくに聞かずに適当に返事をすると、「ちょっと、ちゃんと私の話聞いてんの？」と、楽しい会話が一変して修羅場になったりしますよね。ちゃんと聞き取れなかったら、「ごめん、よく聞こえなかったんだけど」って聞き返すのが礼儀です。もちろん、TOEIC では聞き返すことはできませんが、「単語だけ聞き取れたけど、それに頼って適当に返事しちゃダメだな」というコミュニケーション意識を持つようにしてください。「単語で答えを選ばない」というのは、あくまで相手の問いかけが聞き取れなかった場合の非常手段であることをお忘れなく。

　では、次ページから練習問題に入ります。まずは、パート 2 の問題を 6 つのタイプに分け、それぞれの攻略法を見ていきます。「主人公は私」「単語で答えを選ばない」の 2 点を意識して、問題に取り組んでください。

基本問題 1〜6

◀ 14
1. Mark your answer on your answer sheet. Ⓐ Ⓑ Ⓒ

◀ 15
2. Mark your answer on your answer sheet. Ⓐ Ⓑ Ⓒ

◀ 16
3. Mark your answer on your answer sheet. Ⓐ Ⓑ Ⓒ

◀ 17
4. Mark your answer on your answer sheet. Ⓐ Ⓑ Ⓒ

◀ 18
5. Mark your answer on your answer sheet. Ⓐ Ⓑ Ⓒ

◀ 19
6. Mark your answer on your answer sheet. Ⓐ Ⓑ Ⓒ

基本問題 1 　WH 疑問文

🔊 14

Q. What time does the next train arrive?
  (A) On Platform Two.
  (B) No, I didn't have the training.
  (C) Around three o'clock.

次の電車は何時に到着しますか。
  (A) 2番線です。
  (B) いいえ。研修は受けませんでした。
  (C) 3時ごろです。

□ **arrive** 到着する　　□ **training** 研修、トレーニング

シーン　皆さんは駅員さんです。お客様から、「次の電車は何時に来ますか」と質問されました。

When、Where、What、Why、Who、How といった「誰がいつどこで何をどうした」という「WH のついた疑問詞」で始まるタイプの問いかけは、毎回 12〜14 問程度と、最も多く出題されます。解答のポイントとしては、質問文の最初の 1・2 語に集中してこれを聞き取ることと、「電車とくればプラットホーム」「トレインって聞こえたからトレーニング」と単語で答えを選ばないことです。また、このタイプの問いかけに対しては、(B) のように Yes/No で答えることは基本的にはありません。「次の電車は何時ですか？」ってお客様に質問されて、「はい」「いいえ」って答える駅員さんはいませんよね（「駅長を出せ」ってクレームになりそうです）。

皆さんがもし駅員さんだったとしたら、この問いかけに対しては、「Let me look at the schedule.（スケジュールをチェックしてみます）」「Where are you going?（どちらへ行かれるのですか）」といった答えだってありえるはずです。When で尋ねられたからといって、単純に時間で答えるとは限らないわけです。実際に TOEIC でも、こうしたひねった答えが正解になるケースもあります。皆さんが話しかけられたシーンをしっかりとイメージして、相手とうまくコミュニケーションが取れる答えを選ぶようにしましょう。

正解 (C)

基本問題 2

Yes/No 疑問文

Q. Are you going to the retirement celebration for Mr. Kato?

(A) I'm afraid I can't.
(B) He's not in today.
(C) For his 30th anniversary.

加藤さんの退職パーティーに行きますか。
(A) 残念ながら行けません。
(B) 彼は今日出社していません。
(C) 彼の 30 周年記念です。

□ **retirement celebration** 退職のお祝い
□ **I'm afraid** 残念ながら
□ **in** はここでは「オフィスの中にいる」の意味

シーン 皆さんの会社の加藤さんが退職されることになり、同僚から、退職パーティーに参加するかどうかを尋ねられました。

この Yes/No で答えることが可能なタイプの問題も、毎回4～5題程度出題されます。皆さんがもし、こうやって話しかけられたとして、どんな答えが想像できますか。「When is it? (いつですか)」とか「Is he retiring? (彼、退職するの？)」といった答えだって十分考えられますよね。「No, I'm not. (いいえ、行きません)」は間違いではありませんが、「やな感じ」って相手に思われてしまいます。このように、このタイプの問いかけには、Yes/No で答えると不自然なケースも多いので、想像力を膨らませて答えを待ち構えましょう。

正解 (A)

補足

Q: Shouldn't we call to say we'll be late?
（遅れそうだと電話して伝えるべきではないですか）
A: Yes, we probably should.
（はい、多分そうすべきです）

これは「否定疑問文」と呼ばれるタイプで、毎回1～2題出題されます。ぱっと見、難しそうですが、not は無視して、普通のYes/No疑問文と同じだと考えればOKです。つまりここでは、Should we call to say we'll be late? と同じと考えて問題ありません。ですから、電話すべきであれば Yes、そうでな

ければ No で答えれば OK です。「否定疑問文は not を取って考える」と覚えておきましょう。

Q: Aren't we supposed to finish this report by tomorrow?
（このレポートの期限は明日ではないですか）

not を取る

→ Are we supposed to finish this report by tomorrow?
（このレポートの提出期限は明日ですか）
A: No, we have a few more days.
（いいえ、あと数日あります）

基本問題 3 🔊16

勧誘・依頼

Q. Why don't we try the new Chinese restaurant?

(A) Can I take your order?
(B) Sounds good.
(C) Yes, very delicious, thanks.

新しくできた中華料理店に行ってみませんか。
(A) ご注文をお取りしてよろしいでしょうか。
(B) いいですね。
(C) はい。とてもおいしいです。ありがとうございます。

❌ □ **Why don't we～?**「～しませんか」という意味の勧誘表現。
□ **try** 試す　□ **order** 注文

60　Part 2　応答問題

> **シーン** 同僚から昼休みに、会社の近くにできた中華料理店に誘われました。

このタイプの「お誘い」や、「Can you〜？」等で始まる「〜していただけませんか」という「お願い」の問いかけも毎回3〜4問出題されます。こうした問いかけに対しては、この問題のように決まり文句でOKするか、理由を述べてお断りするかのどちらかのケースがほとんどです。

正解 (B)

基本問題 4　付加疑問文

♩ 17

Q. This copier is very hard to use, isn't it?

　　(A) No, I didn't drink coffee.
　　(B) I'm not sure where it is.
　　(C) Yes, the old one was easier.

　このコピー機、とても使いづらいですよね。
　　(A) いいえ、コーヒーは飲みませんでした。
　　(B) どこにあるかよくわかりません
　　(C) はい、古いコピー機の方が簡単でした。

□ **copier** コピー機（copy machine、copying machine、photocopierともいう）　the old one = the old copier

> **シーン** 会社でコピーをしていたら、そばにいた同僚に話しかけられました。

このタイプのいわゆる「付加疑問文」も毎回2〜3題出題されますが、「えっ、日本語の"はい"がここでは"No"だから……」などと難しく考える必要はありません。「付加」の部分は、「〜ですよね」と相手に同意を求めるための単なるつけ足しです。最近の若者言葉なら、「〜じゃね？」です。つまりこの問題でも、「このコピー機はとても使いづらいですよね」「このコピー機、使いづらくね？」と、相手が同意を求めているシーンをイメージすればOKです。当然、使いづらいと皆さんも思えばYesで答え、そうじゃないと思ったらNoで答えればいいことになります。付加疑問文が聞こえたら、「〜ですよね」「〜じゃね？」といった言葉をイメージしましょう。

正解 (C)

基本問題 5　選択疑問文

◀ 18

Q. Would you prefer a window or an aisle seat?

(A) I'll do it tomorrow.
(B) Either would be fine.
(C) No, you can take it.

窓側と通路側、どちらの座席がよろしいですか。
(A) 明日それをやります。
(B) どちらでも結構です。
(C) いいえ、どうぞお取りください。

□ **prefer** 好む　　□ **aisle** 通路（アイルという発音に注意）

シーン　出張の際、空港のチェックインカウンターで席の

希望を聞かれました（実際のTOEICのパート2でも出題されたことがある定番の問いかけです）。

「窓側か通路側か」と尋ねられたら、「A window, please（窓側をお願いします）」「An aisle, please（通路側をお願いします）」と自分の好みを答えるか、もしくはこの問題の答えのように、「どちらでも結構です」と日本人らしく慎み深く答えるかのどちらかでしょう。これまでのTOEICでは、「Middle, please.（中央をお願いします）」とか「Neither. I'm the captain.（どっちでもない。私は機長だ）」といった「え？」と驚くような答えは出たことがありませんが、問いかけの内容によっては、この「AかBか、どっちでもOK」以外の答えになることもあります。「コーヒーか紅茶か」と聞かれて、「緑茶ありますか」と答えるパターンです。また、このタイプの問いかけに対しては、WH疑問文同様、選択肢（C）のように「Yes/No」では答えないのが普通です。「窓側か通路側か」って尋ねられて、「はい」「いいえ」って答えては会話になりませんよね。

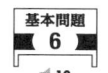

正解 (B)

基本問題 6　つぶやき

Q. I think I've forgotten my mobile phone.

(A) Yes, a couple of days ago.
(B) It is very convenient.
(C) Do you remember where you left it?

携帯電話を忘れてきたようです。
- (A) はい、数日前です。
- (B) それはとても便利です。
- (C) どこに置いてきたのか覚えていますか。

□ **mobile phone** 携帯電話
□ **a couple of days ago** 数日前　　□ **convenient** 便利な

シーン　会社の同僚が突然、「携帯がない」と騒ぎ出しました。

最近、インターネット上で独り言をつぶやく「ツイッター」が流行しています（アナログ人間の私はやったことはありません）が、パート2でも、疑問文ではないこうした「つぶやき」が毎回3〜4題出題されるようになりました。このタイプは返答が非常に予想しづらいので、難易度は高めです。決まったパターンはありませんから、相手が何を伝えたいのかをしっかりとイメージすることが大切です。

正解 (C)

さあ、次ページからは本番レベルの実戦問題に挑戦です。テスト本番のつもりで、気合を入れて取り組みましょう。

パート2 実戦テスト

◀ 20
1. Mark your answer on your answer sheet. Ⓐ Ⓑ Ⓒ

◀ 21
2. Mark your answer on your answer sheet. Ⓐ Ⓑ Ⓒ

◀ 22
3. Mark your answer on your answer sheet. Ⓐ Ⓑ Ⓒ

◀ 23
4. Mark your answer on your answer sheet. Ⓐ Ⓑ Ⓒ

◀ 24
5. Mark your answer on your answer sheet. Ⓐ Ⓑ Ⓒ

◀ 25
6. Mark your answer on your answer sheet. Ⓐ Ⓑ Ⓒ

◀ 26
7. Mark your answer on your answer sheet. Ⓐ Ⓑ Ⓒ

◀ 27
8. Mark your answer on your answer sheet. Ⓐ Ⓑ Ⓒ

9. Mark your answer on your answer sheet. Ⓐ Ⓑ Ⓒ

10. Mark your answer on your answer sheet. Ⓐ Ⓑ Ⓒ

パート2　実戦テスト　解答・解説

1. How long does it take from here to the airport?

(A) Twenty kilometers.
(B) About two hours by train.
(C) A few days ago.

正解 (B)

シーン　会社で出張する同僚から、「ここから空港までどのくらい時間かかるんだっけ？」と聞かれたので、「電車で2時間くらいだよ」と教えてあげました。

時間の長さを尋ねるのは How long～? 距離の長さを尋ねるのは How far～? しっかり違いを覚えておこう。あせって (A) を選ばないように。正解の選択肢の by train (電車で) も重要表現。

訳　ここから空港までどのくらい時間がかかりますか。
(A) 20キロです。　(B) 電車で約2時間です。
(C) 数日前です。

2. Are there any light bulbs in the supply room?

(A) Yes, we still have some.
(B) Please turn off the lights before you go home.
(C) I was really surprised.

正解 (A)

シーン オフィスの電気が点滅しているのを見た会社の同僚から、「備品の部屋にまだ電球ってあったっけ」と聞かれたので、「まだ何個か残ってるよ」と答えました。

light bulb（電球）はたまにパート2に登場する単語なので覚えておこう。light という単語につられて、同じ light という単語や、turn off（消す）という表現が入っている (B) を選ばないこと。(C) は、supply（供給）と surprise（驚き）という似た音による定番の引っかけ。

訳 備品の部屋にまだ電球はありますか。
(A) はい、まだいくつかあります。
(B) 帰宅する前に電気を消してください。
(C) 本当に驚きました。

3. Why is the train so late this morning?
(A) After eleven o'clock.
(B) It must be the snow.
(C) From this platform.

正解 (B)

シーン 駅のホームでそばに立っている人から、「なんで今朝はこんなに電車が遅れてるんですか」と尋ねられたので、「きっとこの雪のせいです」と答えました。

mustには、「〜しなければならない」と「〜に違いない」の2つの意味があることを押さえておこう。ここでは、「雪に違いない」の意味で使われている。「電車」と聞いて「プラットホーム」を選ばないように。

訳 なぜ今朝は電車がこんなに遅れているのですか。
(A) 11時以降です。
(B) きっとこの雪のせいです。
(C) このプラットホームからです。

4. It's raining hard outside.

(A) Do you have an umbrella?
(B) This one feels softer.
(C) Somewhere inside.

正解 (A)

シーン これから外出する予定の会社の同僚が、「外、すごい雨だね」とつぶやいているので、「傘持ってきた？」と心配して声をかけてあげました。

「つぶやき」に対して、こうして疑問文で返すのはよくある返答パターン。問いかけの中のhardに対しての(B)のsoftや、outsideに対しての(C)のinsideはペアになる単語による引っかけパターン。

訳 外はすごい雨です。
(A) 傘は持ってきましたか。
(B) これの方が軟らかく感じます。
(C) 内側のどこかです。

5. Could you make a copy of the contract?　📢 24

(A) I'm afraid the machine is broken.
(B) Yes, she was.
(C) That's very kind of you.

正解 (A)

シーン　会社で上司から、「契約書のコピーを取ってくれないか」と頼まれたのですが、あいにくコピー機が故障中なので、そう伝えました。

勧誘や依頼に対して断りの返事をする場合、No で答えることはほとんどなく、I'm afraid〜（残念ながら〜）や、I'm sorry, but〜（すみませんが〜）といった表現が使われることを覚えておこう。(C) の That's very kind of you.（あなたはとても親切ですね）は、Can I help you carry the suitcase?（スーツケースを運ぶのを手伝いましょうか）といった相手の申し出に対しての返答として使われる。

訳　契約書のコピーを取ってもらえませんか。
(A) あいにく機械が故障しています。
(B) はい、彼女はそうでした。
(C) あなたはとても親切ですね。

6. Are you going to promote Ms. Sato or hire someone from outside? 🔊 25

(A) Higher than that.
(B) She just stepped out for a while.
(C) I haven't decided yet.

正解 (C)

シーン 会社の同僚から、「佐藤さんを昇進させるのか、それとも誰かを社外から雇うつもりなのか」と空きポジションについて尋ねられたので、「まだ決めていない」と返答しました。

A or B (A か B か) を問う選択疑問文に対し、この「まだ決めていません」や、「I haven't thought about it yet.（まだ考えていません）」といった答えは定番。hire と higher、outside と out といった似た音による引っかけにつられないように。(B) の step out は「外出する」、for a while は「少しの間」の意味。

訳 佐藤さんを昇進させるつもりですか、それとも外から誰かを雇う予定ですか。
(A) それより高いです。
(B) 彼女はちょっと外に出ています。
(C) まだ決めていません。

7. Why don't you join us for lunch today?

(A) Where are you going?
(B) Yes, we did.
(C) Complimentary breakfast.

正解 (A)

シーン　同僚から、「今日一緒にランチしない？」と誘われたので、「どこに行くの？」と聞き返しました。

「一緒にランチしない？」に対して「どこに行くつもりなの？」と応じるのはごく自然な会話。lunchと聞いてbreakfastの入った(C)を選ばないように。complimentary（無料の =free）はTOEIC重要語。

訳　今日一緒にランチに行きませんか。
(A) どこに行くつもりですか。
(B) はい、我々はしました。
(C) 無料の朝食です。

8. This ice cream comes in several flavors, doesn't it?

(A) Yes, why don't you try the chocolate?
(B) I have a slight fever today.
(C) This is my favorite restaurant.

正解 (A)

シーン　皆さんはアイスクリーム店の店員です。お客様から、「このアイスにはいくつか味がありますよね？」と尋ねられたので、チョコレートアイスを勧めてあげました。

「～ですよね」と念押しする付加疑問文では、付加は無視しよう。ここでも、「このアイスには数種類の味がありますよね」と単に確認されているだけなので、あれば Yes、なければ No で答える。

訳 このアイスには何種類か味がありますよね。
(A) はい、チョコレートを試してみてはいかがですか。
(B) 今日は少し熱があります。
(C) これは私のお気に入りのレストランです。

◀ 28

9. Why isn't the presentation in the conference room?
(A) About company benefits.
(B) Someone's using it already.
(C) For about an hour.

正解 (B)

シーン プレゼンに出席するためにやって来た同僚から、なぜプレゼンの会場が会議室じゃないのかを尋ねられたので、会議室は誰かほかの人に使われているからだ、と答えました。

「なんでプレゼンの場所が会議室じゃないの」という同僚の文句に対し、「誰かほかの人が使っちゃってるんだよね」というのは自然な応答。選択肢中の (A) の company benefits は「福利厚生」や「給付金」という意味で、社員が会社からもらえるいろいろな手当のこと。

訳 なぜプレゼンは会議室ではないのですか。
(A) 会社の福利厚生についてです。
(B) 誰かがすでに使っているんです。
(C) 約1時間にわたってです。

10. How much will it cost to have a bouquet of roses delivered?
(A) I'd prefer a red one.
(B) Between five to seven days.
(C) It depends on the location.

正解 (C)

シーン 皆さんは花屋の店員です。お客様から、バラの花束の配送にいくらぐらいお金がかかるかを尋ねられたので、配送先の場所によります、とお答えしました。

正解の選択肢の depend on は「〜次第」という重要表現。It depends on the weather. (天気次第です) といった形で使われる。location は「場所」の意味。しっかりとシーンをイメージして、自然な会話に感じられるように繰り返し練習しよう。bouquet (花束) は、日本語では「ブーケ」だが、英語では「ブーケイ」と発音されるのに注意。(A) の prefer は「〜を好む」という意味の重要語。

訳 バラの花束の配送にはいくらぐらいかかりますか。
(A) 私は赤い方が好きです。
(B) 5日から7日です。
(C) 場所によります。

74　Part 2 応答問題

のTOEICのツボ

「集中力のスタミナ」を温存しよう

　パート2で高得点を取るには、「この1問は絶対無二の1問なり」（松岡修造さんリスペクト）ぐらいの気合で集中することが大切だと書きましたが、10分間ずっとそんな集中力をキープするのは大変です。また、ここで集中しすぎると、先に待ち構えているパート3・4という後半戦で最後まで集中力が持ちません。そこで、私から皆さんにお勧めしたいのが、「集中力のメリハリをつける」というスタミナ温存法です。

　まず、問いかけの、特に冒頭の1・2語に最大限に集中します。次に、選択肢を3つ聞いて答えがわかったら、次の問題が始まるまでの数秒間にいったん集中力を落としてリラックスしてください。そうして、次の問題番号が読み上げられたら、また集中力を最大に上げます。

　この、「集中→リラックス→集中」というリズムでパート2の30問を乗り切れば、パート2で最後まで集中力を保ちつつ、長丁場のパート3・4に向けて「集中力のスタミナ」を温存することができますから、普段の演習の際、ぜひ試してみてください。

パート2の勉強法

　このパートのスコアアップに最も効果があるのは、「多聴＋音読」のコンビネーションです。この本に出ている応答も、以下のステップで、1つの応答につき最低30回は繰り返し聞いて、声に出して読んでください。

多聴+音読のステップ

① 問題を解く
② 質問文と答えの意味を確認する
② 音声を聞いて発音を確認する
④ 話しかけられているシーンを想像しながら、問題文と正解の選択肢をセットで音読する
⑤「問題文＋正解」のセットを最低30回は繰り返し聞いて声に出して読む

音読の際、皆さんが気をつけなければいけないのは、「意味・発音・速度」の3点です。これをおろそかにすると、せっかくの音読効果が半減してしまいますから、以下に注意して音読しましょう。

意 味

音読の際は、必ず自分が読む英文の意味を調べ、シーンをイメージして気持ちを込めて音読してください。意味がよくわからないものを繰り返し音読するよりもはるかに高い英語力UPの効果が得られます。

もちろん、繰り返し音声を聞く際も、できるだけそれぞれのシーンを頭の中でイメージするようにしてください。

発 音

私のクラスで、「反対側の」という意味の「opposite（アポズィット）」の発音を「オポサイト」と誤って覚えている生徒がいたのですが、これでは読んで意味がわかっても聞き取ることはできません。単語の発音は音声で必ず確認し、ネイティブの真似をして音読するようにしてください。

速 度

　最初は丁寧に発音を確認しながらの音読で構いませんが、最終的には、音声と同じスピードで読めるようにしましょう。ゆっくりしか音読できないものは、ナチュラルスピードで聞き取ることはできません。パート2の音読の目安として、1つの問題の「質問文＋正解」を1セットとして、10セット（10問分）を40秒で音読することを目標にしてください。

　たとえば、市販の模試で、パート2の「質問文＋正解」を30セット音読する場合は2分が目標になります。このスピードはナチュラルスピードよりも少し速めです。最初は10セットで1分、30セットで3分程度かかると思いますが、慣れれば十分目標の速さで音読できるようになります。音読のスピードが上がると、リスニング力もUPしますから、ぜひ頑張って挑戦してみてください。

　音読は、ダイエットと同じで、最低3週間は毎日継続しないと効果は出ません。音読が楽しくなって日課になれば英語力とTOEICスコアがUPすること間違いなしですから、時間を測って記録に挑戦したり、暗唱にチャレンジしたり、会話の主人公になりきったり、自分なりに音読を楽しくする工夫をしましょう。**「小さなことを積み重ねることが、とんでもないところにたどりつくただ1つの道」**というのはイチロー選手の有名な言葉ですが、日々の地道な音読がTOEICのスコアアップへの遠回りなようで一番の近道なのです。

Short Break

　ある作家さんのエッセイで、英語ができない駅の窓口の方と外国人のお客様とのやり取りが紹介されていました。その係員の方は、「予約席か自由席か」の希望をお客様に尋ねようとしていて(この本で勉強したAorBの選択疑問文です)、「予約席」の「Reserved」はすんなり出てきたのですが、「自由席」という英語がなかなか出てこない様子だったとのこと。まあ普通に「Non-reserved」でよかったと思うのですが、さんざん考えた末に、その方の口から出てきたのは、「Freedom」という単語だったとのこと。確かに「自由」を直訳すれば「Freedom」ですが、まさかそんな言葉が駅の窓口で出てくるとはキング牧師もびっくりです。そのお客様もかなりショックを受けた様子で、「Freedom?」と問い返していて、たまらずそばに並んでいた英語のできる方が間に入って問題が解決されたそうです。

　この駅員さんのように、「普段使っている言葉を英語にできない」というのが、パート1・2でスコアが伸びない要因の1つです。対策として有効なのが、普段から電子辞書を持ち歩き、目に入るものを英語でつぶやいてみる「つぶやきトレーニング」です。通勤通学の移動中等、ちょっとした空き時間に、目に入るものを英語の短文でどんどんつぶやいてみましょう。

ここが勝負どころ!

Part 3

会話問題

本番では30問出題されます。

「先読み」で戦おう!

パート3はボスキャラ

　これまで見てきたパート1・2と比較して、パート3と続くパート4は難易度が高く、スコアアップのためには高い英語力が求められます。TVゲームの「ドラクエ」でいえば、この2つのパートはステージの最後に登場する「ボスキャラ」です。ゲームでも、戦闘力が足りないのにボスキャラと戦おうとすると、確実にやられてしまいますよね。それと同じで、この2つのパートは、攻略のためにはある程度の英語力が不可欠の強敵と言えます。とはいえ、皆さんの目標は600点ですから、パート3では3分の2正解できれば十分です。全問正解する必要はもちろんありません。先ほどのゲームの例でも、一定レベルの戦闘力を身につけ、できる限りの武装をして、戦略を持ってボスキャラと戦えば倒せるチャンスが生まれます。それと同じで、普段の演習で英語力を養いつつ、しっかりとした戦略を持ってこのパートに臨めば、3分の2正解というのは十分達成可能な目標です。

　この本の中では、パート3という強敵と戦うための武器となる基本戦略と、その武器を使いこなすための普段のトレーニング方法を皆さんにご紹介していきます。日々地道な修行を重ね、力をつけ、武器を自由自在に使いこなせるようになったそのとき、必ずやパート3を倒し、目標スコアを達成できる日が来ます。その日が来るまで、重いコンダラ、いや、思い込んだら試練の道を行くのじゃ。そなたらの成長した姿を見られる日をワシは楽しみにしておるぞ。さらばじゃ（意味なく老師の遺言風）。

パート3ってどんな試験？

　パート3は、二人（主に男女、たまに男同士・女同士）の会話を聞いて、その内容についての質問に答える会話問題です。まず、25〜40秒程度の会話が流れます。それが終わると、「会話の場所はどこですか」「何についての会話でしたか」といったように、1つの会話について3問の質問が読み上げられ（選択肢は読まれません）、それぞれ (A)(B)(C)(D) の中から正しい答えを選んでマークします。会話は全部で10個あって、「男→女→男／女→男→女」とセリフが3回で終わるか、「男→女→男→女／女→男→女→男」のように4回で終わるかのどちらかです（ほとんどは4回）。質問と選択肢は問題用紙に印刷されていて、それを読んで解答します。なお、会話と質問の読み上げは一回こっきりです。「そこを何とか、後生ですさかいに、もう一回流しておくれやす、試験監督はん」としなだれかかってもムダです（むしろ確実に退場）。

　パート3の会話のシチュエーションは、オフィス、ホテル、お店、レストラン、空港、銀行、路上、電話越しの会話など多岐にわたりますが、皆さんが海外でお仕事をしていたら、普通に耳にする内容ばかりです。「レポートの提出期限の確認」や「会議の予定変更」といった社員同士のビジネスに関する話題から、「レストランでのウエイターさんとの会話」や「ホテルや空港での予約」「お店での店員さんとの会話」といった日常会話もあります。ちなみに、「AKB48で誰が好きか」といった個人の趣味や流行に関するトピックや、「最近彼ができたの」といった恋愛話、「課長がうざい」といった愚痴、あるいは「うちの会社やばいらしいよ」といった暗い内容の話はありません。TOEICの人たちは、常に明るくまじめに仕事に取

り組み、仕事をさぼって雑談をしたり、愚痴をこぼしたり、弱音を吐いたりしないのが特徴です。

では、パート3の雰囲気がつかめたところで、基本戦略の説明に入っていきます。

パート3の基本戦略

600点を目指す皆さんにとって、このパートで最も大切な、唯一無二の武器となる戦略が「**先読み**」です。パート3では、「先読み」以外の戦略は600点が目標であれば必要ない、といっても過言ではありません。「先読み」は、「ドラクエ」でいえば主人公の勇者が持つ「剣」のようなもので、これなしにはパート3とは戦えません。とはいえ、いきなり「先読み」と言われても何のことやらわかりませんから、以下でくわしくご説明していきます。

「先読み」って何？

一言でいえば、「**会話が流れる前に、設問や選択肢を事前に読んで頭に入れておくこと**」です。「なーんだ。すごい武器をくれるかと思ったのに、たいしたことないなあ」とか、「それってほんとにやる必要あるの（疑いの三角目）」って思われるかもしれませんが、これがもうほんとにすごい効果なのよ、奥さん。

「先読み」の効果を示す身近な例として、皆さんが海外旅行を終えて、現地の空港で出発待ちをしているシーンをイメージしてください。皆さんは、流れている英語のアナウンス

がほとんど聞き取れなくても、自分の戻り便の搭乗手続きが始まったことはなんとなく聞き取れますよね（全然聞き取れなくて、周りの人の動きについていってるだけなんですけど、という方は、ちょっと都合が悪いのであっちに行ってください）。それはなぜかといいますと、自分が乗る便名、目的地、搭乗ゲート番号、出発時間等の情報が事前に頭に入っていて、それに集中して聞いているからです。そうすることで、ほとんどが雑音にしか聞こえない英語のアナウンスの中から、「…… Tex Airways Flight600 …… Narita …… now …… boarding」と聞きたい情報がキャッチできるわけです。パート3の「先読み」にもこれと同じ効果があります。事前に聞くべき情報を頭に入れ、的を絞ることで、会話の中から解答に必要な情報をキャッチしやすくなるのです。

「先読み」の方法

具体的な「先読み」の方法ですが、まず、パート1・2のディレクション（試験形式の説明：合計約2分半）の空き時間に、パート3の最初の3問（問題番号41〜43）の設問と選択肢を軽く「下読み」して内容に目を通します。なお、「下読み」した内容は、この時点で記憶にとどめておく必要はありません。むしろすべていったん忘れてパート1・2に集中してください。また、細かいことですが、「パート3の先読みをしていたら、いきなりパート1や2が始まって出遅れてしまった」といった事態にならないよう、「Now, part one will begin.」「Now, let us begin with question number eleven.」というそれぞれのパートの「Now」という開始の合図が聞こえたら必ず元のパートに戻ってください。このタイミングはしっかり普段の演習でつかんでおきましょう。

こうして事前に「下読み」した上で、パート3のディレクション（約30秒）が始まったら、今度は同じ部分を丁寧に「重ね読み」し、キャッチすべき内容をしっかり頭に入れます。前もって下読みしておけば、読むのに時間もかかりませんし、内容もすぐに思い出せるはずです。注意点として、問44〜46に関しては、この時点では読まないでください。私もやってみたことがありますが、2つ以上の会話の設問を先読みすると、頭の中で話がごちゃ混ぜになってかえって混乱します。まずは最初の3問に集中しましょう。

　最初の3問の準備をここまで万全にしておくことには、実は大きな意味があります。万全の態勢で臨み、この3問をすばやく解答することができると、問44〜46の先読みをする時間的余裕が生まれるのです。

　こうして「先読み→解答→先読み」のよいリズムを作っていくことが、パート3のスコアアップにはとても大切です。この「下読み→重ね読み」の作業はある意味化粧と同じです。ファンデーションを二度塗りして下地を作った上に、さらに厚塗りをして、メイクばっちりで臨戦体制に入りましょう。ただし、後で説明しますが、「厚塗り」ができるのは最初の3問だけです。そこから先は時間がないので、「簡単メイク」、ときには「ノーメイク」で済ませなければいけません。

サンプル問題 1
🔊 30

　では、サンプル問題を見ながら、実際に「先読み」の練習をしてみましょう。この3問が、このパートの最初の問41〜43

だと仮定して、まずは以下の質問と選択肢に目を通してみてください。

41. Where does the conversation probably take place?

(A) In a hospital
(B) At a fitness center
(C) In an airport
(D) At a community college

42. What does the woman want to do?

(A) Take a lesson
(B) Explain some rules
(C) Teach a course
(D) Renew her membership

43. What does the man recommend?

(A) Checking a Web site
(B) Touring a building
(C) Coming back later
(D) Losing some weight

先読み

以下のように、パート1・2のディレクション時に「下読み」し、パート3のディレクション時に「重ね読み」します。

まず、問41は、「この会話はおそらくどこで行われていますか」という「会話の場所」を問う質問です。probably は

85

「おそらく」、take place は「起こる」「開催する」といった意味ですが、この質問はパート3の定番なので、そのまま覚えてしまいましょう。選択肢はそれぞれ、「病院」「フィットネスセンター」「空港」「コミュニティカレッジ」です。こうした「場所」「時間」「曜日」「日付」等の短い選択肢は、横に読むのではなく、縦にさっと目を走らせて読みましょう。この会話の場所はどこなのでしょうか。

続く問42は、「女性は何をしたいのですか」という質問です。選択肢を見ると、「レッスンを受ける」「ルールを説明する」「コースを教える」「会員資格を更新する」とあります。女性は何をしたいのでしょうか。

最後の問43は、「男性は何を勧めていますか」という意味です（recommend「勧める、推薦する」）。選択肢には、「ウェブをチェックすること」「建物を見学すること」「後で戻ってくること」「体重を落とすこと」とあります。要は、「HPを見てくださいね」「建物を見学されてはいかがですか」「また後でお越しください」「体重を落とされた方がいいですよ」のうち、男性からのアドバイスはどれでしょうか、ということが問われているわけです。

まとめ復唱

こうして一通り質問と選択肢に目を通した後に行うと効果倍増なのが、質問の「まとめ復唱」です。たとえばこの問題では、「会話の場所」「女性がしたいこと」「男性のアドバイス」といった「一言形式」で心の中で復唱するのです。文で覚えようとすると、内容がなかなか頭に入ってこなかったり、時間がかかったりしてしまうので、私も普段これ

を心がけています。

　スターバックスの店員さんは、注文を受けた後で、「アイススターバックスラテのトールサイズ」ではなく、「トールアイスラテ」と「まとめ復唱」しますよね。そうすることで注文内容がすんなり頭に入ってきますし、時間も節約できるわけです。この「まとめ復唱」には慣れが必要ですから、ぜひ皆さんも問題演習の際、意識して取り組んでタイミングやコツをつかんでください。

リスニング

「先読み」をして準備が整ったら、次は会話のリスニングです。以下の会話が実際に流れてきたと仮定して見ていきましょう。

Questions 41 through 43 refer to the following conversation.

Woman: Hi. I'm thinking about joining this club. My doctor says I need to lose some weight.

Man: I see. Well, we have a range of membership plans available. What kind of exercise are you interested in?

Woman: You know, I've never really done much exercise. I really should learn yoga or something like that first.

Man: Okay, why don't I get one of our trainers to take you for a walk around the building and explain your options?

「解答」の流れ

こうして実際に会話の音声が流れてきたら、先読みで頭に入れた内容に基づいて、聞きながら、あるいは聞いた後に3つの解答欄にマークします。3問マークし終わったら、設問が読み上げられている途中でも、次の3問の先読みに入ってください。注意点として、問44以降はディレクションがなく、問題と問題の間が8秒しかありませんから、じっくり選択肢まで目を通す余裕はまずありません。まずは3問の設問のみを先読みすることを優先し、時間的な余裕があれば、選択肢にも目を通すようにしましょう。

「先読み」のタイミング

具体的な先読みのタイミングについてですが、3問目の問題が読み上げられる前にはすでに3問とも答え終わっていて、次の3問の先読みに入っている、というペースが理想です。つまり、「ナンバーフォーティースリー」という音声が聞こえた時点で、もうすでに問44〜46の先読みに入っている、という状態です。そうすれば、十数秒を先読みにあてられるので、次の3問の設問に目を通せます。それに対し、3問目の問題の読み上げに合わせてのんびり3問目をマークしていたのでは、次の3問を先読みする時間がなくなってしまいます。パート2のところでも書きましたが、「迷いは最大の敵」です。厳しい言い方かもしれませんが、「迷っている＝わかってない」ということです。瞬時に答えを判断できない場合は、直感で思い切りよくマークして、次の会話の先読みを優先しましょう。

⎯ 解答・解説

問41（会話の場所）：正解 (B)「フィットネスセンター」

　全体の話の流れから、この女性は医者から体重を落とすように言われ、フィットネスクラブの見学に来たことがわかります。仮にそれがつかめなくても、club、membership、exercise といった言葉を拾えれば正解に近づけます。こうした「会話の場所」を問う問題は、会話全体に散らばっているキーワードをつなぎ合わせると正解できるケースが多いので、多少内容がわからなくてもあきらめないように。

問42（女性がしたいこと）：正解 (A)「レッスンを受ける」

　女性が2つ目のセリフで、I really should learn yoga or something like that.（ヨガのようなものをまずは習った方がいいと思う）と言っていることから、この女性はフィットネスクラブに入ってレッスンを受けたいということがわかります。パート3では、設問の主語（この場合はwoman）のセリフに答えが出てくることがほとんどなので、主語のセリフに意識の重点を置きましょう。

問43（男性のアドバイス）：正解 (B)「建物を見学する」

　男性が最後に、Okay, why don't I get one of our trainers to take you for a walk around the building〜?（了解いたしました。トレーナーの一人に建物を案内させましょう）と言っているので、walk around（歩き回る）を tour（見学して回る）と言い換えている (B) が正解です。Why don't I〜? はパート2にも登場する「〜しましょうか？」という提案を表す表現で、〈get + 人 + to do〜〉は、「人に〜させる」という意味です。

ワンポイント

パート3・4では、設問で問われる内容の順番と会話・トークの流れはだいたい同じになります。つまり、1問目の答えにつながる情報は会話・トークの前半、2問目は中盤、3問目は後半に出てくることが多いということです。

この問題でも、問43の答えは、男性の最後のセリフに出てきました。この知識が特に役に立つのが、3問目に「時間」「場所」「曜日」といった具体的な情報を問う問題があった場合です。たとえば、3問目の問題が曜日を問う問題だったら、最後の方で聞こえた曜日を選べば正解できる可能性が高くなるのです。聞き取りがうまくいかなかった場合の緊急手段として、「3問目は最後の方に聞こえた情報で答えを選ぶ」と頭に入れておきましょう。

本文
- **refer to~** ～について述べる　□ **following** 次の、以下の
- **join** 参加する　□ **lose weight** 減量する
- **a range of ~** さまざまなレベルの～
- **membership** 会員資格　□ **available** 利用できる
- **be interested in~** ～に興味がある、関心がある
- **I've never really done~** 本当に全然～したことがない
- **something like that** そのようなもの
- **first** まず、最初に
- **Why don't I~?** 「～しましょうか」という提案表現
- 〈**get** + 人 + **to do**~〉　人に～させる
- **explain** 説明する
- **option** オプション、選択肢

設問・選択肢
- **probably** おそらく　□ **take place** 起こる
- **renew** 更新する　□ **recommend** 勧める
- **tour** 見て回る

90　Part 3　会話問題

問題41〜43は次の会話に関するものです。

女性：こんにちは。このクラブに入りたいのですが。医者から少し体重を減らした方がいいと言われているんです。

男性：了解しました。当クラブにはさまざまなレベルの会員プランがあります。どのような種類の運動にご興味がおありでしょうか。

女性：えっと。実はほとんど運動をしたことがないんです。まずはヨガのようなものを習った方がいいと思っています。

男性：了解しました。トレーナーの一人に、建物の見学にお連れして、お選びいただける内容の説明をするよう手配いたしましょう。

41. この会話はどこで行われていますか。
    (A) 病院
    (B) フィットネスセンター
    (C) 空港
    (D) コミュニティカレッジ

42. 女性は何をしたいのですか。
    (A) レッスンを受ける。
    (B) ルールを説明する。
    (C) コースを教える。
    (D) 会員資格を更新する。

43. 男性は何を勧めていますか。
    (A) ウェブサイトをチェックすること。
    (B) 建物を見学すること。
    (C) 後で戻ってくること。
    (D) 体重を落とすこと。

いかがだったでしょうか。「なんだか大変」とか「難しそう」と思われたかもしれませんね。意外に思われるかもしれませんが、教室で300〜500点台の生徒と接していると、パート3と4は、最初のうちは難しくて歯が立ちませんが、慣れてくるとパート2よりも点数が取れる生徒が増えます。これがなぜかといいますと、パート2の問題の多くが、問いかけの内容が瞬間的に「ちゃんと」わからないと解けないのに対し、パート3や4は、聞いているうちに「なんとなく」内容がつかめれば解ける問題があるからです。たとえば、「チェックインとルーム605って言ってたからホテルっぽいな」程度の理解でも、「会話の場所はどこですか」という問題は解けますし、「ミーティングは9時って言ってた」とだけ聞き取れれば、「会議は何時ですか」という問題にも正解できます。

　「パート3・4は難しいから無理」と気持ちで負けないことです。日々のトレーニングで基礎体力と戦闘力を高めつつ、先読みで武装して、全力で強敵に立ち向かいましょう。

「先読み」に頼りすぎない

　最後に1つ注意点として、本番で先読みする時間がなかったからといって、会話を聞きながら設問や選択肢を読もうとするのは無謀です。会話を聞くと同時に問題を読んで理解できれば聖徳太子もびっくりですが、さすがにそれは無理です。そもそもそれができるのであれば、先読みする必要自体がありません。先読みする時間がなければ、その場はリスニングに集中し、先読みなしで解答しましょう。

　先読みは確かに有効な戦略ですが、「何が何でも先読みしなきゃ」と思っていると、先読みできなかったときにパニックになってしまいます。「やばい。メイクの時間がない。私ノーメイクじゃ外歩けないからもう無理」とあきらめてはいけない

のです。仮にうまく先読みできなくても、「この3問は先読みなしでがんばろう」とか、「2問だけ先読みしよう」といったふうに、状況に応じて柔軟に対応しましょう。気持ちに余裕があれば、意外と「すっぴん」でも何とかなったりするものです。

　さあ、次ページから実戦問題に挑戦です。

パート3 実戦テスト

🔊 31

1. Why is the man calling?

(A) To request dry cleaning
(B) To check room availability
(C) To order room service
(D) To inquire about a bill

Ⓐ Ⓑ Ⓒ Ⓓ

2. What does the man ask about?

(A) Opening hours
(B) Upcoming events
(C) Additional fees
(D) Room rates

Ⓐ Ⓑ Ⓒ Ⓓ

3. What will the woman probably do next?

(A) Hang up a phone
(B) Contact a manager
(C) Check a Web site
(D) Book a room

Ⓐ Ⓑ Ⓒ Ⓓ

◀ 32

4. What does the woman say about the new photocopiers?

   (A) They are highly dependable.
   (B) Their designs are attractive.
   (C) Their prices are reasonable.
   (D) They are lightweight.

                                      Ⓐ Ⓑ Ⓒ Ⓓ

5. What does the man ask the woman about the machine?

   (A) The main feature
   (B) The price
   (C) The placement
   (D) The delivery date

                                      Ⓐ Ⓑ Ⓒ Ⓓ

6. Why will the man call the supplier?

   (A) To confirm the size of a machine
   (B) To request earlier delivery
   (C) To order an extra instruction manual
   (D) To make a change to an order

                                      Ⓐ Ⓑ Ⓒ Ⓓ

◀ 33

7. Where most likely are the speakers?

(A) In a local library
(B) In a bookstore
(C) In a movie theater
(D) In a video rental store

ⒶⒷⒸⒹ

8. What is the problem?

(A) A book is sold out.
(B) A part is missing.
(C) A store is closing soon.
(D) A video has not been returned.

ⒶⒷⒸⒹ

9. What information does the woman need from the man?

(A) His age
(B) His telephone number
(C) His address
(D) His customer ID

ⒶⒷⒸⒹ

パート3 実戦テスト 解答・解説

◀ 31

Questions 1 through 3 refer to the following conversation.

Man: Hi. I recently stayed at the Domino Inn. I was just reviewing my bill and noticed some charges I don't understand.

Woman: I see. What were the charges for, sir?

Man: I was charged for dry cleaning and newspapers, but I didn't order or use either.

Woman: Well, you really should mention something like that when you're checking out. Can you please wait a moment while I talk to the manager?

1. Why is the man calling?

(A) To request dry cleaning
(B) To check room availability
(C) To order room service
(D) To inquire about a bill

2. What does the man ask about?

(A) Opening hours
(B) Upcoming events
(C) Additional fees
(D) Room rates

3. What will the woman probably do next?

(A) Hang up a phone

(B) Contact a manager
(C) Check a Web site
(D) Book a room

問題1〜3は次の会話に関するものです。

男性：こんにちは。先日ドミノインに宿泊し、さっき請求書を見ていたところ、よくわからない請求があるのに気づきました。

女性：了解いたしました。何に対しての請求でしょうか。

男性：クリーニング代と新聞代の請求があるのですが、私は注文したり利用したりしていません。

女性：そうですか。こうした場合は、チェックアウト時にお申し出ください。マネジャーに話をしてきますので、しばらくお待ちいただけますか。

1. 男性はなぜ電話をしているのですか。
    (A) ドライクリーニングを頼むため
    (B) 部屋の空き状況を確認するため
    (C) ルームサービスを注文するため
    (D) 請求書について問い合わせるため

2. 男性は何について尋ねていますか。
    (A) 営業時間
    (B) 今度のイベント
    (C) 追加料金
    (D) 部屋代

3. 女性はおそらく次に何をしますか。
    (A) 電話を切る。
    (B) マネジャーに連絡する。
    (C) ウェブサイトをチェックする。
    (D) 部屋を予約する。

本文

- □ **recently** 最近　　□ **stay** 宿泊する　　□ **review** 調べる
- □ **bill** 請求書、勘定書　　□ **notice** 気づく
- □ **charge** 名 料金　動 請求する
- □ **dry cleaning** ドライクリーニング　□ **either** 〜も〜しない
- □ **mention** 述べる　　□ **wait a moment** ちょっと待つ
- □ **while** 〜の間

設問・選択肢

- □ **room availability** 部屋の空き状況
- □ **inquire** 問い合わせる
- □ **opening hours** 営業時間　類 business hours 営業時間
- □ **upcoming** 今度の　　□ **additional** 追加の
- □ **room rates** 部屋代　　□ **hang up a phone** 電話を切る
- □ **book** 予約する

解答・解説

1. 正解 (D)

冒頭のセリフで男性が、そちらのホテルに泊まったが、請求書を見ていたら、よくわからない料金が請求されているのに気づいた、と述べているので、請求書の記載内容についてホテルに電話で問い合わせていることがわかる。inquire (問い合わせる)、bill (請求書) はともに TOEIC 重要語。

2. 正解 (C)

男性が2つ目のセリフで、「身に覚えのないクリーニング代と新聞代」の請求について女性に尋ねているので、男性の問い合わせ内容は「追加料金」である。宿泊料金について尋ねているわけではないので、(D) を選ばないように。

3. 正解 (B)

女性が最後のセリフで、while I talk to the manager と述べているので、男性の問い合わせへの対応についてマネジャ

ーに相談しようとしていることがわかる。この問題のように、設問の中にnextが入っている「次の行動」を問うタイプの問題は、最後のセリフに必ずヒントが出てくるので、先読みで心の準備をしておこう。

◀ 32

Questions 4 through 6 refer to the following conversation.

Woman: I hope those new photocopiers arrive before the end of the week. The model we ordered is said to be the most reliable machine on the market.

Man: Yes, Jim Cash in my section showed me an article about it in a business magazine. By the way, where will your section be installing its new copier?

Woman: Well, because the one we're getting has a scanning and fax feature, everyone will be using it regularly. So we've decided to put it right in the middle of the office.

Man: Oh, I didn't realize that was an option. We really need those functions too. I think I'll call the supplier to see if I can change the order.

4. What does the woman say about the new photocopiers?

(A) They are highly dependable.
(B) Their designs are attractive.
(C) Their prices are reasonable.
(D) They are lightweight.

5. What does the man ask the woman about the machine?

(A) The main feature
(B) The price
(C) The placement
(D) The delivery date

6. Why will the man call the supplier?

(A) To confirm the size of a machine
(B) To request earlier delivery
(C) To order an extra instruction manual
(D) To make a change to an order

問題4〜6は次の会話に関するものです。

女性：新しいコピー機が週末までに届くといいのですが。我々が注文した機種は、市場で最も信頼性が高いといわれています。

男性：はい。うちの部門のジム・キャッシュが、ビジネス誌に掲載されたその機種の記事を見せてくれました。ところで、あなたの部門ではどこにその新しいコピー機を設置する予定ですか。

女性：そうですねえ、うちに来る予定の機種には、スキャナーとファクス機能がついているので、皆しょっちゅう使うと思います。ですので、オフィスの真ん中に置くことに決めました。

男性：そんなオプションがあるとは気づきませんでした。うちの部門もそういう機能は本当に必要です。納入業者に電話をして、注文内容の変更が可能かどうか尋ねてみようと思います。

  4. 女性は新しいコピー機について何と言っていますか。
    (A) とても信頼性が高い。
    (B) デザインが魅力的だ。

(C) 価格が手ごろだ。
(D) 重量が軽い。

5. 男性はその機械について女性に何を尋ねていますか。
    (A) メインの機能
    (B) 価格
    (C) 配置
    (D) 配達日

6. 男性はなぜ納入業者に電話するのですか。
    (A) 機械のサイズを確認するため
    (B) 配達を早めてもらうため
    (C) 追加の取扱説明書を注文するため
    (D) 注文内容を変更するため

本文
- **photocopier** コピー機
- **said to be** ～だといわれている
- **reliable** 信頼できる
- **article** 記事
- **install** 設置する
- **copier** コピー機
- **feature** 機能
- **regularly** 定期的に
- **right in the middle** ちょうど真ん中
- **realize** 気づく
- **option** 選択肢、オプション
- **function** 機能
- **supplier** 納入業者、供給業者

設問・選択肢
- **highly** 非常に
- **dependable** 頼りになる
- **attractive** 魅力的な
- **reasonable** 手ごろな
- **placement** 配置
- **delivery** 配達、配送
- **confirm** 確認する
- **extra** 追加の、余分な
- **instruction manual** 取扱説明書
- **make a change** 変更する

解答・解説

4. 正解 (A)

女性が最初のセリフで新しいコピー機について、the most reliable machine on the market（市場で一番信頼性が高い）と述べているので、それを highly dependable（とても信頼性が高い）と言い換えた (A) が正解。highly は very の意味の重要語。選択肢 (C) の reasonable 以外に、affordable や inexpensive という単語も、price とセットで「手ごろな価格」という意味になるので、合わせて押さえておこう。

5. 正解 (C)

主語が男性なので、男性のセリフに注目。すると、最初のセリフで、By the way, where will your section be installing its new copier? と置き場所を女性に尋ねているので、それを placement（配置）と言い換えた (C) が正解。install（設置する）も頻出単語なので覚えておこう。We will install a copy machine in our office tomorrow.（明日オフィスにコピー機を設置する予定だ）といった形で使われる。

6. 正解 (D)

3番目の問題は男性が主語なので、男性の最後のセリフに注目。すると、I think I'll call the supplier to see if I can change the order.（注文内容を変更できるかを確認するため、納入業者に電話してみようと思います）と述べているので、男性が注文内容を変更しようとしていることがわかる。取扱説明書を追加で注文しようとしているわけではないので、order という言葉につられて (C) を選ばないように。

◀ 33

Questions 7 through 9 refer to the following conversation.

Man: Hi there. I want to rent a documentary about doing business in Japan called "When in Tokyo." But I can't find it on the shelves.

Woman: That title is more popular than we expected. We only have one copy and a customer has rented it. It was supposed to be returned yesterday. I've called the person and asked her to return it.

Man: Could you give me a call when it comes in?

Woman: Of course, I'll set it aside for you after we get it back, sir. Can you tell me your name and address?

7. Where most likely are the speakers?

(A) In a local library
(B) In a bookstore
(C) In a movie theater
(D) In a video rental store

8. What is the problem?

(A) A book is sold out.
(B) A part is missing.
(C) A store is closing soon.
(D) A video has not been returned.

9. What information does the woman need from the man?

(A) His age
(B) His telephone number
(C) His address
(D) His customer ID

問題7～9は次の会話に関するものです。

男性：こんにちは。『東京にいるときは』という、日本で仕事をすることについてのドキュメンタリーを借りたいのですが。棚に見当たりません。

女性：そのタイトルは予想以上に人気なんです。一本しか在庫がなく、ほかのお客様に貸し出されています。返却期限は昨日でした。そのお客様にはお電話して、返却のお願いをしてあります。

男性：戻ってきたらお電話いただけますか。

女性：もちろんです。戻ってきたら取り置きしておきます。お名前とご住所をお願いできますか。

7. 二人はおそらくどこにいますか。
    (A) 地域の図書館
    (B) 書店
    (C) 映画館
    (D) レンタルビデオ店

8. 問題は何ですか。
    (A) 本が売り切れている。
    (B) 部品が見つからない。
    (C) お店がもうすぐ閉店する。
    (D) ビデオが戻ってきていない。

9. 女性が必要なのは、男性のどのような情報ですか。
    (A) 年齢
    (B) 電話番号
    (C) 住所
    (D) 顧客 ID

本文

- **Hi there.** こんにちは。　□ **rent**（お金を払って）借りる
- **documentary** ドキュメンタリー
- **shelves** shelf（棚）の複数形
- **expect** 予想する、期待する
- **be supposed to do** 〜することになっている
- **set aside** 取っておく、取り置きしておく

設問・選択肢

- **most likely** おそらく　□ **local** 地元の、地域の

解答・解説

7. 正解 (D)

会話の場所を問う問題。会話の中から rent、documentary、shelves、return といったキーワードを拾って、レンタルビデオ店での会話だと推測したい。rent はお金を払って貸し借りをすることで、図書館で本を借りる場合は borrow が使われる。

8. 正解 (D)

店員の女性が最初のセリフで、男性が借りようとしているビデオは現在貸出中で、It was supposed to be returned yesterday.（昨日戻ってくるはずだった）、I've called the person and asked her to return it.（電話して返却のお願いをした）と述べていることから、このビデオがまだ返却されていないことがわかる。

9. 正解 (C)

3問目の設問の主語は女性なので、女性のセリフに注目。すると、最後にビデオが返却されたら男性のために取り置きすると述べた後、Can you tell me your name and address?（お名前とご住所をお願いできますか）と、男性に名前と住所を尋ねていることがわかる。

のTOEICのツボ

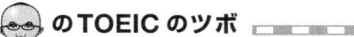

マークするのはどのタイミング？

「会話を聞いている途中か終わってからか、どっちのタイミングでマークするのがいいですか」という質問を受けることがよくありますが、これは、どこまで先読みして内容を理解できているかによっても異なります。事前に問題内容がしっかり頭に入っていれば、聞きながらでもマークできますが、それができていなければ、会話に集中し、聞き終ってからマークすべきです。

また、会話を聞きながらマークすると時間は節約できますが、マークしている間にほかの問題の答えを聞き逃してしまう恐れもあります。

私の場合は、基本的には会話を聞きながらマークしていますが、うまく先読みできなかった場合は、聞くことに集中し、会話が終わってからマークすることもあります。

大切なのは、普段から先読みの練習をして、自分に合ったマークのタイミングや方法を見つけ、本番での状況に応じて臨機応変に対応することです。

マークシートの効率的な塗りかたは？

パート3・4で先読みの時間を確保するコツとして、マークシートをきれいに塗りつぶさず軽く印だけつけ、余裕ができたときにきれいに塗りつぶす、あるいは、マークシート用のシャーペンや先を丸めた鉛筆等を活用してマークする時間を短縮するといった手段も有効です（私は普段先の丸い鉛筆を使っています）。些細なことに思えるかもしれませんが、TOEICのマーク欄は大きめで、200問あるわ

けですから、マークを塗りつぶす時間も馬鹿になりません。特にパート3・4では、数秒間という時間も無駄にせず先読みにあてたいところです。この本の最後には、マーク欄を本番と同じ大きさにした解答用紙がついていますので、これをコピーし、ご自宅でマークシートをすばやく塗りつぶす練習をしたり、自分に合った筆記用具を見つけたりするのにぜひ活用ください。

リスニング中、目は閉じるべき？

　リスニング中、目を開けるべきか閉じるべきか、というマニアックな質問を受けることがたまにあります。参考までに、私の方法をこのコラムでご紹介したいと思います。まず、パート1は目を閉じてしまうと写真が見えなくなります(笑)。「されど心の目は開いておる」という方も目を開けて聞いてください。

　パート2では、私はつぶらな瞳を閉じて聴覚に意識を集中するようにしています。質問文が流れている間は目を閉じて、終わったら目を開けて選択肢を聞いて、マークし終わったらまた目を閉じます。

　パート3・4では、私は目を開けています。先読みで選択肢まで含めた問題内容をしっかり頭に入れ、会話やトークが流れている間に答えがわかったらさっさとマークし、早めに次の先読みに移るためです。もちろん、目を開けているとどうも集中できない、とか、目を閉じると睡魔に襲われる、といった方もいらっしゃるでしょうから、ご自身に合った方法を見つけるのが一番です。

パート3の勉強法

　パート3のスコアアップのために最も効率的かつ効果の高い勉強法は、パート2のところで説明したのと同じ「多聴＋音読」です。以下のトレーニング方法を参考にしながら、何度も繰り返し音声を聞いて音読してください。

　また、音読の際は、実際に会話が行われているシーンをイメージしながら、俳優や女優になったつもりで感情を込めてセリフを読むようにしましょう。英語で気持ちを表現できるようになれば勉強自体が楽しくなりますし、スコアアップすること間違いなしです。

この本を活用したパート3のトレーニング方法

① 問題を解く。

② 答え合わせをして、本文の語注と和訳をチェックし意味を確認する。

③ 本文の内容が把握できたら、音声で発音を確認する。

④ 音声のスピードで読めるまで繰り返し音読する。

⑤ 「リスニング＋音読」を最低30回は繰り返す。

🚃 パート3&4 解答手順のまとめ

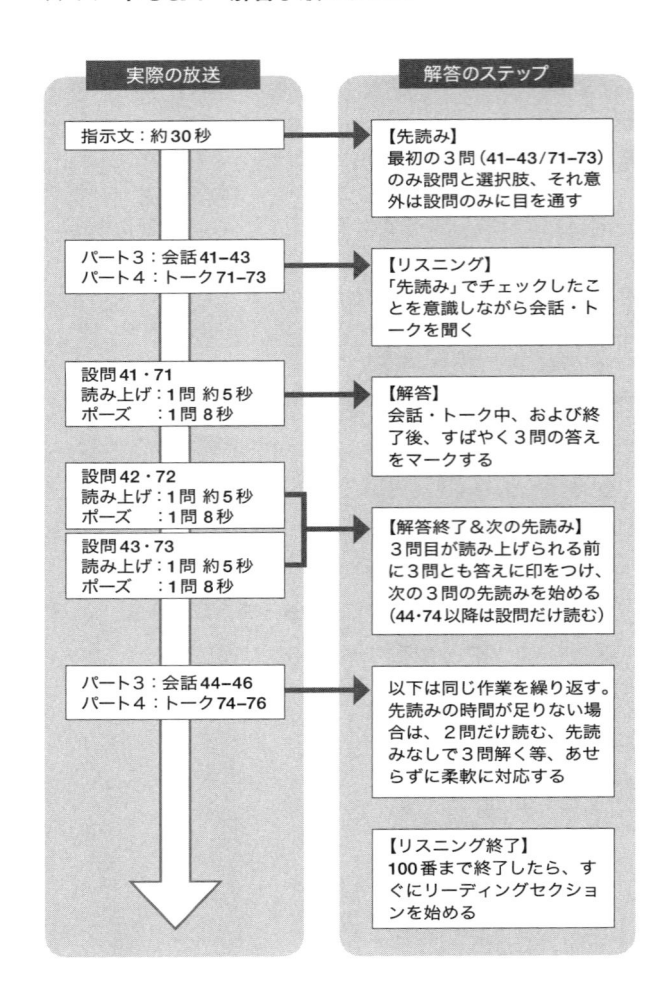

実際の放送	解答のステップ
指示文：約30秒	【先読み】 最初の3問（41-43/71-73）のみ設問と選択肢、それ意外は設問のみに目を通す
パート3：会話41-43 パート4：トーク71-73	【リスニング】 「先読み」でチェックしたことを意識しながら会話・トークを聞く
設問41・71 読み上げ：1問 約5秒 ポーズ　：1問 8秒	【解答】 会話・トーク中、および終了後、すばやく3問の答えをマークする
設問42・72 読み上げ：1問 約5秒 ポーズ　：1問 8秒 設問43・73 読み上げ：1問 約5秒 ポーズ　：1問 8秒	【解答終了＆次の先読み】 3問目が読み上げられる前に3問とも答えに印をつけ、次の3問の先読みを始める（44・74以降は設問だけ読む）
パート3：会話44-46 パート4：トーク74-76	以下は同じ作業を繰り返す。先読みの時間が足りない場合は、2問だけ読む、先読みなしで3問解く等、あせらずに柔軟に対応する
	【リスニング終了】 100番まで終了したら、すぐにリーディングセクションを始める

スタミナ勝負！

Part 4

説明文問題

本番では30問出題されます。

「気合」が大事！

パート4ってどんな試験？

パート3が「二人の会話」なのに対し、パート4は「一人のトーク（語り）」という点だけが違いで、出題形式は同じです。トークの長さはほとんどが30秒から40秒程度です。トークのシチュエーションは、多少のバリエーションはもちろんありますが、以下の5つに分けることができます。

❶ 社内アナウンス

「社員の皆さんにお知らせです。来月からは、建物に入る際、セキュリティカードが必要になります」「会議を始めますが、その前に人事部からお知らせです」「おやつの時間です（嘘）」といった、社内向けのお知らせです。

❷ 公共アナウンス

「乗客の皆さんにフライトの遅れについてのお知らせです」といった空港や駅等の交通機関でのアナウンスや、「国道16号線が工事で渋滞しています」といったラジオの渋滞情報や天気予報のような公共のアナウンスです。

❸ 広告

「今月はなんとタイヤの交換が20％オフ」「今週のお買い得品は産地直送のリンゴ」「今なら口座を開いた方に"くまのバンクー"グッズをプレゼント」といった、特定のお店やサービスの宣伝です。

❹ 人物紹介

「今年の年間最優秀社員の Tex Kato さんを表彰します」「皆さんで TEX コーポレーション勤続30年を迎えた Masaya

Kanzakiさんをお祝いしましょう」といった形で、社員や講演者、ラジオ番組のゲスト等を紹介する人物紹介のスピーチです。「さあ、皆さん、大きな拍手でお迎えください。Tex Katoさんです」といった、思わずパチパチパチと拍手したくなるような（やったら怒られるけど）セリフで終わるのが特徴です。

❺ 留守電・自動応答

「ご注文いただいた品物ですが、現在在庫切れのため納期が遅れます」「Dr. Katoとのアポイントですが、ドクターの都合が悪くなったので、変更していただけないでしょうか」といったお店やお医者さんからの伝言や、「渋滞で会議に遅れそう」「急な仕事が入ったので、会議の時間を変えてほしい」といった会社の同僚への伝言、あるいは、「当社はただいま営業時間外です」といった企業や施設の音声による自動応答などです。

このほか、「TEXコーポレーションがライバル企業の買収を発表しました」といったビジネスニュースもたまに出題されます。ちなみに、「やったよ、先生、私、600点取ったよ。ありがとう（涙声）」という生徒からの伝言や、600点を取った娘への母からの祝福メッセージ、といった感動トークはありません。もちろん、「ありがとう」がバックミュージックで流れる贈る言葉や、「デーブ・スペクターのアメリカンジョーク」といった爆笑トークもありません。「このあたりのトークの質をTOEICの中の人は改善すべきじゃないのか。エッ！ オイッ！ もっと面白くしてね」などとツンデレ風に思っているのは私ぐらいなので、本番ではごく普通の面白みに欠けるビジネストークが流れます。

パート4の特徴

　教室で模擬試験を行うと、600点を目指すレベルの場合、パート3よりもパート4の方が比較的点数は取れます。パート3では二人の人物が登場するため、人物関係がつかみづらく、聞いているうちにどっちが誰だかわからなくなってしまうケースがあるのに対し、パート4では、話をするのが一人なので、話の状況がつかみやすいのです（その反面、出だしでつまずくと最後までさっぱりわからない、というケースもありますが）。具体的な目標として、3問中2問正解できれば、リスニングセクションで300点を超えるレベルですので、そこをまずは目指しましょう。

　対策書のスペースを割いてこんなことを書くのもなんですが（と言いつつ書く）、このパートで何よりも必要なのは、「気合」です。本番のテストでは、パート3まででかなり疲れているので、そこに来て英語の語りを聞かされると、集中力を維持するのが難しく、かなりの疲労感に襲われます。会社でいえば、仕事で疲れ切ってやっと帰れると思ったら、「TEX君ちょっと」と、定時間際のネチネチ粘着お小言が生きがいの課長に呼び出され、長々と説教されるようなものです（つらいなー）。気をつけないと確実に意識が遠のきます。ですから、皆さんはこのパートに入ったら、「残りたった15分だぞ」「最後の力を出し切るぞ」と、赤フンドシを締め直して気合を入れ直さなければならないのです。

パート4の戦略

このパートの基本戦略は、パート3と同じ「先読み」です。「先読み」の方法についてはパート3で触れましたので、ここではパート4だけの戦略を2点ご紹介します。

❶「the following ホニャララ」を聞き取る

パート3と4では、会話やトークが始まる前に、「Questions 41 through 43 refer to the following conversation（問題41～43は次の会話に関するものです）」といった紹介があります。それがあってから、実際の会話やトークが始まるのです。歌でいえば、「では、北島三郎さんで『与作』」と紹介があってから歌が始まるようなものです。

で、ですね、パート3のイントロ部分は問題番号以外すべて同じ内容ですが、パート4は流れるトークの種類によって、「the following ホニャララ」の「ホニャララ」の部分が違うんですのよ、皆さん。つまり、この部分をしっかり聞き取ることで、これから流れるのが、広告なのかトークなのかラジオ放送なのか、といったことがわかるわけです。これがわかっていれば、「何かの広告だな」「ラジオ放送か」といった心の準備ができて、トークにスムーズに入っていけますから、しっかりと聞き取りましょう。

「**the following**」の後に続く主な内容は以下の通りです。

telephone message（電話メッセージ：留守電）
announcement（お知らせ：社内アナウンスや公共アナウンス等）
advertisement（広告：お店やサービスの宣伝）
talk（トーク：一般的な話で announcement に近い）
recorded message（録音メッセージ：企業や施設の自動応答）

radio broadcast（ラジオ放送：交通情報・天気予報・ラジオ番組等）
excerpt from a talk（トークの一部：excerpt エクサープトは「抜粋」の意味）

❷ 聞き手は私！

　パート2の戦略として、「主人公は私！」という意識を持つことが最も大切だとご説明しましたが、パート4でも、自分が聞き手になったつもりで話を聞く姿勢がスコアアップのためには必要です。たとえば、お店からの注文品の配送遅れの留守電を聞いたら、「何だと、俺のガンダムが配送遅れだと。なんで遅れるんだ。ん、在庫切れか。仕方ないなあ。ま、そんなに急ぎじゃないし、先にザクを作るとするか」といった形で、自分がそのお客さんになったかのように感情移入して聞くのです（TOEICにガンダムは出ませんが、例ということでお許しを）。新入社員の紹介なら、「ふーん。前職で広告業界に10年もいたんだ。賞も取ったことがあるとはすごいなあ。きっとうちの会社にとっても即戦力になるぞ。来週から出社なのか。どんな自己紹介するのかな」と聞き手になりきるのです（ただし、妄想にふけってトークの重要な部分を聞き逃したり、でたらめなオリジナルストーリーを作ったりしないよう注意は必要です）。こうしてトークの聞き手になりきって感情移入できると、話の内容に多少は親近感がわき、内容理解が深まってスコアが伸びます。パート4では「聞き手は私」という意識を持ちましょう。

　さあ、続いて実戦テストです。本番レベルの問題に挑戦してみましょう。

パート4 実戦テスト

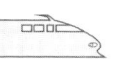

◀ 34

1. What is the main purpose of the talk?

(A) To welcome a new staff member
(B) To announce a schedule change
(C) To discuss a new company policy
(D) To introduce an award winner

Ⓐ Ⓑ Ⓒ Ⓓ

2. How long did Ms. Hayek work in her previous position?

(A) For 2 years
(B) For 4 years
(C) For 6 years
(D) For 8 years

Ⓐ Ⓑ Ⓒ Ⓓ

3. In what field does Ms. Hayek have a university degree?

(A) Education
(B) Marketing
(C) Science
(D) Accounting

Ⓐ Ⓑ Ⓒ Ⓓ

◀ 35

4. Who most likely is the caller?

(A) A telephone operator
(B) A news reporter
(C) A store manager
(D) A photographer

Ⓐ Ⓑ Ⓒ Ⓓ

5. What is the problem with Mr. James' order?

(A) An item is missing.
(B) A product has been discontinued.
(C) Some items are damaged.
(D) Some information is incorrect.

Ⓐ Ⓑ Ⓒ Ⓓ

6. What does the caller offer to do?

(A) Collect an item
(B) Repair some damage
(C) Provide a discount
(D) Refund a payment

Ⓐ Ⓑ Ⓒ Ⓓ

🔊 36

7. When is the broadcast being made?

(A) In the morning
(B) At noon
(C) In the evening
(D) At midnight

Ⓐ Ⓑ Ⓒ Ⓓ

8. What does the announcer recommend?

(A) Using a different route
(B) Carrying an umbrella
(C) Using the railway
(D) Taking a day off

Ⓐ Ⓑ Ⓒ Ⓓ

9. What are the listeners going to hear next?

(A) A train schedule
(B) A new song
(C) A weather report
(D) A product review

Ⓐ Ⓑ Ⓒ Ⓓ

パート4　実戦テスト　解答・解説

🔊 34

Questions 1–3 refer to the following talk.

Good morning, everyone. I'd like to take this opportunity to introduce you to a new member of our advertising department, Marta Hayek. Ms. Hayek worked for six years in the accounting department before her transfer. She has a degree in marketing from Huttenmeister University and has been trying to break into the field of advertising for two years. She told me she's really happy that she can now put her degree to use. Considering her high reputation in the accounting department, we expect she will be a valuable addition to our team. And now, everyone, please welcome Ms. Hayek.

1. What is the main purpose of the talk?

(A) To welcome a new staff member
(B) To announce a schedule change
(C) To discuss a new company policy
(D) To introduce an award winner

2. How long did Ms. Hayek work in her previous position?

(A) For 2 years
(B) For 4 years
(C) For 6 years
(D) For 8 years

3. In what field does Ms. Hayek have a university degree?
(A) Education
(B) Marketing
(C) Science
(D) Accounting

問題1〜3は次の話に関するものです。

皆さん、おはようございます。この場を借りまして、皆さんに我々宣伝部の新しいメンバー、マルタ・ハエックさんをご紹介したいと思います。ハエックさんは、今回異動になる前、6年間経理部で働いていました。彼女は、ハッテンマイスター大学でマーケティングの学位を取っていて、この2年間ずっと宣伝の分野での仕事に就きたいと努力をしてきました。彼女は、自分の学位を実際に使うことができるようになってとても嬉しいそうです。経理部での彼女の高い評判を考えますと、きっと我々のチームにとって彼女は貴重な新戦力になるでしょう。それでは皆さん、ハエックさんをお迎えください。

1. 話の主な目的は何ですか。
    (A) 新しいスタッフを歓迎すること
    (B) スケジュールの変更を発表すること
    (C) 会社の新しい方針について打ち合わせすること
    (D) 賞の受賞者を紹介すること

2. ハエックさんは前職でどのくらいの期間働いていましたか。
    (A) 2年間
    (B) 4年間
    (C) 6年間
    (D) 8年間

3. ハエックさんは何の分野で大学の学位を持っていますか。
   (A) 教育
   (B) マーケティング
   (C) サイエンス
   (D) 経理

本文

- **opportunity** 機会（I'd like to take this opportunity to do〜 この機会を借りて〜したい）
- **introduce** 紹介する   **advertising** 宣伝
- **department** 部   **accounting** 経理
- **transfer** 名 異動、移動 動 移動する   **degree** 学位
- **break into〜** 〜に入る、参入する   **field** 分野
- **put 〜 to use** 〜を利用する、役立てる
- **considering〜** 前 〜を考慮すると
- **reputation** 評判、名声   **expect** 期待する、予想する
- **a valuable addition** 貴重な新戦力
- **and now**（文頭で）さて、ところで   **welcome** 歓迎する

設問・選択肢
- **purpose** 目的   **announce** 発表する
- **discuss** 打ち合わせる   **policy** 方針
- **previous position** 前職

解答・解説

1. 正解 (A)

このトークの内容は、パート4定番の新入社員紹介のスピーチ。ここでは、経理部から宣伝部に異動になったハエックさんを宣伝部のメンバーに紹介している。I'd like to take this opportunity to introduce you to〜（この場を借りまして、〜をご紹介したいと思います）という表現は、新入社員紹介にかかわらず、講演者の紹介等の冒頭でも使われるので、

Ms. Hayek の部分を、自分や会社の同僚の名前に変えて、紹介者になりきって何度か口ずさんで覚えてしまおう。

2. 正解 (C)

選択肢が単語レベルなので、できれば選択肢まで先読みして正解したい問題。序盤で、Ms. Hayek worked for six years in the accounting department before her transfer.（ハエックさんは異動の前は経理部で6年働いていた）と述べられているので、宣伝部に異動になる前の経理部で彼女は6年間働いていたことがわかる。この問題では、選択肢に同じ形の言葉が並んでいるので、(A) の「For 2 years」だけ読んだら、残りの選択肢は、ダブっているところを省き、「4→6→8」と数字の部分だけ縦にさっと目を通し、時間を節約しよう。

3. 正解 (B)

これも、先読みできているかどうかが正解の分かれ目になる問題。degree（学位）という単語を先読みして「彼女の学位は何？」とまとめて頭に入れておくことができれば、She has a degree in marketing from Huttenmeister University の部分を聞き取って正解することができる。この問題の3つの答えは序盤に固まっているが、こうしたケースはたまにあるので、その場合、早めに解けたなと思ったら、余った時間を次の問題の先読みにあて、選択肢まで目を通すようにしよう。

「宣伝や経理はわかるけど、マーケティングって何？」って思った方もきっといらっしゃるでしょう。私も以前は「マーケティング」の仕事をしていましたが、要は、「自分の会社の商品やサービスを、市場（market）に広める活動」の

ことです。TVや新聞、インターネット等での宣伝活動や、店頭での販売促進活動などを全部まとめたのが「マーケティング」と考えるとわかりやすいかもしれません。

Questions 4–6 refer to the following telephone message. 35

Hello, Mr. James. It's Tony Wallace here from Stanton Furniture. I'm afraid I have some bad news. Last week you ordered a set of picture frames. They arrived at our warehouse today, but while inspecting them, I discovered that they had been damaged in transit. I contacted the supplier for replacements; however, I was informed that it would take more than a month before they would have more in stock. I'm very sorry for this inconvenience. I'd be happy to refund the cost of the items if you can't wait for the replacements. Please let me know what you'd like to do.

4. Who most likely is the caller?

    (A) A telephone operator
    (B) A news reporter
    (C) A store manager
    (D) A photographer

5. What is the problem with Mr. James' order?

    (A) An item is missing.
    (B) A product has been discontinued.
    (C) Some items are damaged.
    (D) Some information is incorrect.

6. What does the caller offer to do?

(A) Collect an item
(B) Repair some damage
(C) Provide a discount
(D) Refund a payment

問題4〜6は次の電話のメッセージに関するものです。

もしもし、ジェームスさん。スタントン家具のトニー・ウォラスです。残念なお知らせがあります。先週、フォトフレームを1セットご注文いただきました。今日当社の倉庫に届いたのですが、中身をチェックしていて、輸送中に傷がついているのを発見しました。交換してもらおうと納入業者に連絡をしたのですが、追加の在庫が入ってくるのに1カ月以上かかると言われました。ご不便をおかけして本当に申し訳ございません。交換品を待てないようでしたら、もちろん商品の代金は返金させていただきます。ご要望をお聞かせいただければと思います。

4. 話し手はおそらく何をしている人ですか。
    (A) 電話のオペレーター
    (B) ニュースのレポーター
    (C) お店のマネジャー
    (D) 写真家

5. ジェームスさんの注文の問題は何ですか。
    (A) ある品物が紛失してしまった。
    (B) ある製品が生産中止になってしまった。
    (C) いくつかの商品に傷がついている。
    (D) ある情報が間違っている

6. 話し手は何をすることを申し出ていますか。
    (A) 商品をかき集める

(B) 傷を修理する
(C) 割引をする
(D) 支払い額を返金する

本文
- **furniture** 家具 **I'm afraid** 残念ながら
- **picture frame** ピクチャーフレーム、額縁
- **arrive** 到着する **warehouse** 倉庫
- **while** ～している間（ここでは、while I was inspecting themのI wasが省略されている）
- **inspect** 検査する **discover** 発見する
- **damage** 動 傷つける 名 損傷、ダメージ
- **in transit** 輸送中に **contact** 連絡する
- **supplier** 納入業者、供給業者
- **replacement** 交換品、交換 **inform** 知らせる
- **in stock** 在庫がある 反 out of stock 在庫切れ
- **inconvenience** 不便、不都合
  I'm sorry for this inconvenience.（ご不便をおかけして申し訳ありません）は定型表現。
- **be happy to do** 喜んで～する **refund** 返金する
- **item** 品物

設問・選択肢
- **caller** 話し手
- **order** 注文 ※名詞の「順番」の意味も重要
- **missing** 紛失した
- **discontinue** 生産（販売）中止にする
- **incorrect** 誤った、不正確な
- **offer to do** ～することを申し出る **collect** 集める
- **repair** 修理する **provide** 提供する
- **payment** 支払い

解答・解説

4. 正解 (C)

留守電を残しているのは何者か、ということを問う問題。よく出題されるタイプの問題だが、Who といっても人名を聞いているわけではなく、職業が問われているので、何をしている人なのかを意識して聞くこと。ここでは冒頭で、It's Tony Wallace here from Stanton Furniture. (スタントン家具のトニー・ウォラスです) と述べているので、家具店の店員であることが推測できる。

5. 正解 (C)

序盤から中盤にかけて、I discovered that they had been damaged in transit. (輸送中に傷ついているのを発見した) と述べていることから、ジェームスさんが注文した品物が輸送中に傷ついてしまったことがわかる。こうした、注文品の破損、配送遅れ、色・サイズ違いといった問題についての、お店から顧客への伝言メッセージは定番の問題で、「自己紹介→問題の説明→対応策」といった流れになることを頭に入れておこう。

6. 正解 (D)

問題への対応策を問う問題。最後に、I'd be happy to refund the cost of the items (商品の代金はもちろん返金いたします) と述べていることから、返金対応を申し出ていることがわかる。refund (返金する)、replace (交換する)、return (返品する)、discount (割引する) といった関連語は覚えておこう。

Questions 7–9 refer to the following radio broadcast. 🔊 36

Well, it looks like we're going to have another beautiful day here in Auckland, the sun is shining and the temperature is mild. Traffic is still flowing smoothly in the northern suburbs, but it doesn't look so good in the southern suburbs. Commuters who haven't left home yet might want to consider taking a train because there is very heavy congestion on the freeway south of the city center. The road works in Albany are still going on, and with one lane closed, traffic is extremely slow in that area. Let's hope they finish that work soon. Now let's hear from Jason Cox, who has the latest weather update.

7. When is the broadcast being made?

(A) In the morning
(B) At noon
(C) In the evening
(D) At midnight

8. What does the announcer recommend?

(A) Using a different route
(B) Carrying an umbrella
(C) Using the railway
(D) Taking a day off

9. What are the listeners going to hear next?

(A) A train schedule
(B) A new song
(C) A weather report
(D) A product review

問題7〜9は次のラジオ放送に関するものです。

今日もここオークランドでは快晴の一日になりそうです。日差しに恵まれ、気温も暖かくなるでしょう。北部近郊では車の流れは順調ですが、南部近郊ではあまり車の流れがよくないようです。まだご自宅を出られていない方は、電車をご利用になった方がよいかもしれません。市の中心から南の高速道路が非常に混雑しているからです。アルバニーでの道路工事がまだ続いており、一車線が通行止めとなっておりますので、そのエリアでは車の流れが非常に悪くなっています。工事が早めに終わることを期待しましょう。では、ジェイソン・コックスから最新の気象情報をお伝えします。

7. 放送はいつ行われていますか。
    (A) 午前中
    (B) 正午
    (C) 夕方
    (D) 深夜

8. アナウンサーは何を勧めていますか。
    (A) 別の道を使うこと
    (B) 傘を持っていくこと
    (C) 電車を使うこと
    (D) 一日休暇を取ること

9. リスナーは次に何を聞く予定ですか。
    (A) 電車のスケジュール
    (B) 新曲
    (C) 天気予報
    (D) 商品評価

本文

- **looks like~** ~のように見える
- **temperature** 気温
- **mild** (気温が)穏やかな
- **traffic** 交通量、車の動き
- **still** まだ
- **flow** 流れる
- **smoothly** スムーズに
- **suburb** 郊外 (発音注意:サバーブ)
- **commuter** 通勤客
- **yet** まだ~ない
- **consider** 考える
- **heavy congestion** 大混雑
- **freeway** 高速道路
- **city center** 市の中心
- **road work** 道路工事
- **go on** 続く
- **with one lane closed** 一車線が閉鎖された状態で
- **extremely** 非常に
- **latest** 最新の
- **weather update** 気象情報

設問・選択肢

- **recommend** 勧める
- **route** ルート、経路
- **railway** 鉄道
- **day off** 休日
- **product** 製品
- **review** 評価、レビュー

解答・解説

7. 正解 (A)

冒頭の Well, it looks like we're going to have another beautiful day(今日も快晴の一日になりそうです)や、中盤での、Commuters who haven't left home yet(まだご自宅を出ていない方)といった言葉から、午前中の放送であることがわかる。交通情報については、congestion(渋滞)、heavy traffic(渋滞)、lane(車線)、freeway(高速道路)、highway(幹線道路)、express way(高速道路)、detour(迂回路)、accident(事故)、traffic control(交通整理)といった用語は覚えておこう。

8. 正解 (C)

中盤で、Commuters who haven't left home yet might want to consider taking a train（まだご自宅を出ていない方は、電車をご利用になることを検討された方がいいかもしれません）と述べているので、電車の利用を勧めていることがわかる。こうした交通情報では、渋滞がテーマになるケースが多く、原因として、道路工事、事故、倒木、フェスティバル、映画の撮影などが出題されたことがある。交通情報だと思ったら、渋滞が出題される可能性が高いので、遅れの理由と、取るべき対応を意識しつつ聞くようにしよう。

9. 正解 (C)

ラジオ放送の場合、この後に何が放送されるか、は定番の問題で、最後の一言に集中すれば解ける。ここでは、トークの最後の部分に意識を集中させ、Now（さて）という言葉が聞こえたら、その後に答えが来るぞと構え、let's hear from Jason Cox, who has the latest weather update. の weather update（気象情報）の部分をしっかり聞き取るのがポイント。交通情報の後は、通常、天気予報、歌、インタビュー、ニュースなどが流れることを押さえておこう。

のTOEICのツボ

パート4の勉強法

　パート4のスコアアップには、「英語のスタミナ」を養うことが不可欠です。TOEIC本番で1時間集中して英語を聞くには、相当のスタミナが要求されます。これがないと、パート4での失速は確実です。マラソンにたとえれば、スタミナがないのに序盤で飛ばしすぎて、途中棄権、あるいは、最後は倒れるようにゴール、となってしまうのです。

　この「英語のスタミナ」を養うためには、英語の多読・多聴ももちろん必要ですが、手軽に毎日できるトレーニングとして、私がここでもしつこくお勧めしたいのが「音読」です。え、また音読かいな。もっとてっとり早くちゃっちゃとスタミナつける方法ないのかいな、と関西弁風に思われるかもしれませんが、地道な音読は、日々のランニングや筋トレのようなものです。

　試しに、この本の中の英語でも何でも構いませんから、30分連続で音読してみてください。ご自身の「英語のスタミナ」不足を痛感されるはずです。普段音読の習慣がない方が30分連続で音読しようとすると、最後は頭がぼーっとしたり、舌が回らなくなったり、ふらふらになります。

　ところが不思議なもので、毎日音読を継続していると、だんだん読むのが苦痛でなくなり、それにつれてリスニングのスコアもアップし、さらにはパート7のリーディングスピードまでアップするのです。実際、教室でも、音読の習慣がついた生徒はある時期に急速にスコアが伸びます。TOEIC対策の音読用の素材として、パート4は長さ的にもレベル的にも最適です。まずはここから音読してみましょう。

スラッシュ音読

これは、同時通訳の訓練法の1つで、英文を左から右に意味のまとまりとして理解して読み進めるためのトレーニングです。英文の意味のまとまりごとにスラッシュを入れて、区切って音読してみるのです。たとえば、この最後のパート4の本文だと以下のようになります。なお、ここではわかりやすくするために和訳を添えていますが、実際の作業は英文にスラッシュを入れるだけです。

スラッシュ音読見本　　　🔊 37

Well, it looks like／we're going to have ／
another beautiful day ／here in Auckland,／
the sun is shining／and the temperature is mild.／
Traffic is still flowing smoothly／
in the northern suburbs,／
but it doesn't look so good／
in the southern suburbs.

Commuters who haven't left home yet／
might want to consider／taking a train／
because there is very heavy congestion／
on the freeway／south of the city center.

The road works in Albany／are still going on, ／
and with one lane closed, ／
traffic is extremely slow／in that area.／
Let's hope／they finish that work soon.

Now let's hear from Jason Cox,／
who has the latest weather update.

どうやら／予定になりそうです／
また快晴の一日に／ここオークランドでは／
日差しに恵まれ／気温も穏やかです／
車の流れは依然としてスムーズです／
北部近郊では／しかし、あまり流れはよくないようです／
南部近郊では／
まだ家を出ていない通勤客の方は／
検討された方がよいかもしれません／電車に乗ることを／
非常に混雑しているからです／
高速道路が／市の中心から南側の／
アルバニーでの道路工事は／まだ続いていて／
一車線が閉鎖されているので／
車の流れが非常に遅くなっています／その区域では／
期待しましょう／工事がじきに終わることを
では、ジェイソン・コックスから／
最新の気象情報をお伝えします

　いかがでしょうか。最初はこうして意味のまとまりごとに一呼吸おいて音読し、慣れてきたらゆっくり続けて読んでみましょう。英文を前からカタマリとして意識することができるようになると、頭の中に「英語の回路」ができ始めますよ。

　スラッシュの入れ方には特に決まったルールはありませんが、①文の要素である SVOC、②カンマのある箇所、③接続詞（while、and、that など）の前、④前置詞（on、with、in など）の前、⑤ to 不定詞の前、といった部分が1つの目安となります。最初のうちは2〜5語程度で区切りを入れ、慣れてきたら次第に長めのカタマリで区切るようにしましょう。念の

ため、TOEICの試験本番では問題用紙への書き込みは一切禁止されています。スラッシュ・リーディングはあくまで意味のまとまりごとに英文を理解するためのトレーニングですから、その感覚がつかめるようになったら、本文にスラッシュを入れるのをやめて、頭の中で英文をまとまりごとに理解しながら、音読するようにしましょう。

短期でスコアを伸ばしやすいのは
リスニング or リーディング？

600点というスコアの内訳は、もちろん人によってさまざまです。参考までに、TOEICの全国平均スコアは、おおよそリスニングが320点、リーディングが260点で、合計580点です（回によって多少異なります）。ということは、これに点数を20点プラスして、リスニング330点、リーディング270点の合計600点、というのが、データ上は典型的な600点の内訳となります。

実際、社会人の場合、こうしたパターンで600点を取る方は珍しくありません。ところが、学生の場合、こういう点数配分で600点を取る生徒はほぼ皆無です。リスニングが360〜400点、リーディングが200〜240点で600点を取る子がほとんどなのです。典型的なパターンは、リスニング380点、リーディング220点で600点です。中学高校で英語が苦手だった場合、リーディングで短期間に250点以上を取るというのは至難の業で、リスニングの方が圧倒的にスコアを伸ばしやすいのです。逆に、リーディングのスコアがすでに250点以上ある場合は、リスニングを頑張れば、短期で600点に到達できる可能性が高くなります。

TOEICを初めて受験すると、ほぼ間違いなくリスニングのスコアの方が高く出ます。「リスニング280点／リーディング220点」といったスコアの内訳を見ると、どうしても「リーディング頑張んなきゃ。まずは文法から」などと思ってしまうのですが、そうではなく、むしろリスニングを頑張った方が600点への近道になるケースが多いのです。指導の現場での実感として、多聴と音読を毎日ひたすら繰り返し、並行して基本語彙を身につければ、リスニングのスコアは数カ月単位の短期で大きく伸ばせますし、それにつれてリーディング力、特にパート7の力が自然にUPします。600点を目指すなら、まずはリスニングで350点以上の点数を取ることを目標にしましょう。

休憩はありません

　パート4が終わると、「This is the end of the Listening test. Turn to Part five in your test book. End of recording.（これでリスニングテストは終了です。問題用紙のパート5に移ってください。録音終了）」という英語の音声は流れますが、試験官からの「リーディングセクションはじめ」のような指示はありません。初めてTOEICを受験した初級者の方で、このリスニング終了の指示が聞き取れず、「いつになったらリーディングセクションが始まるのかなあ」と、試験官の合図を数分間じっと待っていた、という笑えない実例もあります。リスニングが終わったら間髪入れず、すぐにリーディングを始めましょう（この間の休憩はもちろんありません。お茶でもしたいところですが）。

丁寧かつ
スピーディーに！

Part 5

短文穴埋め問題

本番では40問出題されます。

基本がすべて！

パート5ってどんな試験？

　パート5は、皆さんが中学校や高校で一度は解いたことがあるはずの「穴埋め」問題です。短い文の中に空所が一か所あって、4つの選択肢の中から正しいものを入れて文を完成させます。読者の皆さんのほとんどは、パート5の問題を見て目をそっと閉じれば、自分が受験生だった時代のことが懐かしく思い出されるはずです。私も穴埋め問題を見ると、自分が紅顔の美少年だったころ、黒板の前の木の椅子に座り、同級生に囲まれながら一生懸命問題を解いた記憶が、床のワックスがけの香りまで鮮やかによみがえってきます。え、そんな余裕ないんですけど、といった冷めた反応をする方は、そそくさともっとまじめなTOEIC対策書を読んでください。

　さて、そうした受験時代に取り組んだ穴埋め問題との違いとして、パート5を含むTOEICのリーディングパートで出題される文の内容は、ビジネスに関するものが中心です。「売上」「営業」「マーケティング」「宣伝」「契約」といった内容が出題されますが、難しい専門用語や、「マーケティングにおける4Pとは何か？」といった専門分野の知識がないと解けないような問題は出題されません（ちなみに4Pはproduct、price、place、promotionです）。ですから、TOEIC対策のために「ビジネスの勉強しなきゃ」と、あわてて『サラリーマン金太郎』や『課長 島耕作』、『もし高校野球の女子マネージャーがドラッカーの「マネジメント」を読んだら』などを購入される必要はありません。一般常識があれば十分です。

　短い文を1つだけ読んで解くパート5は、たくさんの文を読んで解かなければいけないパート6や7と比較して、ゲー

ム感覚で手軽に解けることもあって、TOEICのリーディングパートの中では一番人気です。教室でも、「パート7やだー パート5やりたいー」といった声が多く聞かれます。ただし、楽しいからできるか、というと必ずしもそうではありません。中学校レベルの基本英文法と、TOEICに出題される基本単語をちゃんと理解していないと、このパートで600点レベル（正答率6割以上）の点数は取れません。実際、中学や高校のときに文法が大嫌いで、単語を覚えるのも苦手、今のTOEICスコアが300〜400点台という生徒のスコア表を見ると、見事なまでにほぼ全員このパートは4割以下の正解率です。

　なんだか暗い気持ちになってしまった方もいらっしゃるかもしれませんが、大丈夫です。TOEICも人生もポジティブ思考が大切です（いきなり人生論）。「中学英文法と基本単語がわからないとだめなのかあ」とネガティブに考えるのではなく、「中学校英文法と基本単語さえマスターすればOKなんだあ」とポジティブに考えましょう。実際、正答率が3割台だった生徒も、基本文法と基本単語をしっかり勉強すれば、600点レベルの正答率に到達するようになります。この本の中では、600点を取るために必要なポイントを説明し、600点を取るための勉強法をご紹介していきますので、皆さん、がんばっていきまっしょい！（死語）

パート5の基本知識

　では、さっそく600点を目指すためのパート5の基本知識から見ていきましょう。
　まず、パート5の問題には、大きく分けて以下の2種類があります。

文法問題：空所に入れると文法的に正しくなる答えを
　　　　　選ぶタイプの問題
単語問題：空所に入れると意味的に正しくなる答えを
　　　　　選ぶタイプの問題

　出題される数はおおよそ半々だと思ってください。つまり、パート5の40問中20問程度が「文法問題」で、20問程度が「単語問題」ということになります。で、皆さんはここで、「あっそ」と軽く流してはいけないのです。「文法問題」か「単語問題」かの判断が、このパートで高得点が取れるかどうかの「運命の分かれ道」なのです（この言葉を聞いて「いとし・こいし師匠」の名口上を思い出すのは中高年）。

サンプル問題 1　次のサンプル問題を解いてみてください。
◀ 37

Tex Corporation conducted an ------- analysis of its new product through its customer surveys.

　(A) extend
　(B) extensive
　(C) extensively
　(D) extension

　皆さんは、この問題を解く際、最初にどこから読みましたか？「え、そんなの問題文の最初の Tex Corporation に決まってるじゃないの」と思ったそこのあなた、そのやり方ですと、600点が銀河を離れイスカンダルの彼方へはるばる遠ざかってしまうのであります。

以下によくない例とよい例の解き方を比べてみます。どこが違うでしょう？

A子さん──よくない例

　えっと、まず、TEX コーポレーションって会社の名前だよね。それで、あれ、conductedってどういう意味だろ。わかんないよ。うーん。とりあえず置いといて、その後は、ん、analysisってなんだっけ。やっばい。これも意味がわかんない。どうしよう。あ、でもその次の product は確か「製品」って意味だよ。of its new product は、「その新製品の」って意味で、through は「通して」だ。TEX 先生のオヤジギャグっていつもクラスで見事にスルーされてるよね。フフ。あ、いけない、集中しないと。それで、customer は、「お客様」で、surveyって、何これ、またわかんない単語だよ。とりあえず、整理すると、TEX コーポレーションは、お客様の survey を通して、新しい製品についての、analysis を conduct した、ってことかな。なんかわかってきたぞ。私もなかなかやるじゃん。あ、選択肢見るの忘れてた。えっと、(A) の extend は「延長する」って意味だよね。(B) と (C) は見たことがない単語だなあ。(D) の extension はこの間覚えた気が。そうだ。「内線番号」だ。思い出した。でも (B) と (C) の意味がわかんないからどれが答えかわかんないなあ……（この間約30秒）

B子さん──よい例

　えっと、まず選択肢をチェックしてっと。あ、似たようなスペルで始まる単語が並んでるから、これって品詞問題だよね。空所に何詞を入れると文法的に正しいですか、って文法問題だよ。さっそく空所の前後をチェックっと。お、空所の前に an があるじゃん。これは名詞のカタマリがこの後に来ますよ、っていう目印だから、近くに名詞があるはず。あ、空所の後ろに analysisって

単語があるよ。意味はよくわかんないけど、なんとか -sis ってスペルの単語は名詞なんだよね。授業でやったもん。私の好きなバンドの名前の oasis もそうだよね。だから、きっとこれは名詞だ。で、これが名詞ってことは、その前に来るのは、名詞を修飾する形容詞のはずだよ。「a/an/the ------- 名詞」ってカタマリの真ん中には形容詞が入るって「そんなの常識（ちびまる子ちゃんの歌のメロディーで）」だよ。ってことは、-ive ってスペルで終わる単語が形容詞だから、正解は (B) だね！ よし、できたよ！（この間約10秒）

　A子さんは30秒時間を使ったのに、結局解けませんでした。それに対して、B子さんは10秒で正解することができました。この違いがどこにあるか、おわかりになりますよね？ 一番大きな違いは、A子さんが最初に問題文から読み始め、文の意味を考えようとしたのに対し、B子さんは選択肢をまずチェックして文法問題だと判断し、文法的に正しいものはどれかを選ぼうとした、という問題へのアプローチの仕方です。

　<u>パート5では、まず選択肢をチェックし、「文法問題」か「単語問題」かを判断するのがポイントです。</u>この問題は「文法問題」なのに、A子さんのように「文の意味」を考えようとしたのでは、アプローチそのものが間違っていることになります。相手が草食系男子なのに色仕掛けで迫るようなものです（うまくいくかもしれませんが成功確率は高くありません）。また、A子さんが問題文を全部読もうとしたのに対し、B子さんが読んだのは「an ------- analysis」のたった3語ですから、解くのに時間もかかっていません。パート5は全部で40問あるわけですから、最初に問題タイプを見分ける作業をするかどうかで、スコアと解答時間に大きな差がついてしまうのです。

「文法系」か「単語系」かを最初に見分け、適切なアプローチでテンポよく解いていきましょう。

正解 (B)

- □ **conduct** 行う □ **analysis** 分析 □ **product** 製品
- □ **through** 通して □ **customer** お客様 □ **survey** 調査
- □ **extend** 動 延長する □ **extensive** 形 幅広い、詳細な
- □ **extensively** 副 広く □ **extension** 名 延長、内線番号

訳 TEXコーポレーションは、顧客調査を通じて商品の詳細な分析を行った。

600点に必要な問題とは

　ここまでで、パート5の問題には「文法問題」と「単語問題」の2種類があり、最初に選択肢を見てどちらのタイプなのかを判断することが大切だというご説明をしました。ここからはさらに具体的な説明に入っていきます。パート5で、600点を狙うために皆さんにマスターしていただきたいタイプの問題は、以下の6種類です。ここではそれぞれの細かい内容を理解する必要はありませんので、ざっと目を通してください。

❶ 品詞問題（毎回10〜12問）

　空所に入るのが何詞（名詞・動詞・形容詞・副詞等）かを答える文法問題です。

❷ 動詞問題（毎回2〜3問）

　動詞の時制（過去形や現在形、未来形など）や態（能動態か受動態か）を問う文法問題です。

❸ 前置詞 VS 接続詞問題 (毎回2〜3問)

空所に入れると文法的に正しくなるのが前置詞か接続詞かを問う文法問題です。

❹ 代名詞問題 (毎回1〜2問)

he/his/him/himself といった選択肢の中から、正しい答えを選ぶ文法問題です。

❺ ペア接続詞問題 (毎回1問)

both A and B、either A or B、neither A nor B 等、ペアを探すタイプの文法問題です。

❻ 単語問題 (毎回12〜14問)

空所に入れると意味が通じる答えを選ぶタイプの問題です。

ちなみに、カッコの中の出題数はおおよその目安で、回によっても異なります。「単語問題」が少なく見えますが、「文法＋単語のコンビネーション問題」や、熟語や前置詞の問題も数は少ないですが出題されますので、「文法問題」と「単語問題」は同じくらい出題されます。もちろん、これ以外の文法問題（皆さんの大嫌いな関係代名詞など）が出題されることもありますし、⑥の単語の問題で難しいものもあります。ですが、皆さんの目標は600点ですから、①〜⑤の問題と、⑥の中のやさしめの単語の問題をしっかり解くことができればOKです。この本の中でも、そこだけに集中して練習をします。

次ページからは、600点突破のために最も重要なタイプの問題、「品詞問題」の説明に入ります。
TOEICではこの問題がしっかり解けないと、「ヒンシの重傷」を負ってしまいますよ。ヒンシだけに。シーン……。

品詞問題をモノにしよう

🚃 品詞問題の基本知識

ここからは、中学レベルの文法の説明になりますから、「こんなのわかってるわよ。ページの無駄ね」と思われる方は、さらっと読み流して、いきなり練習問題を解いていただいても構いません。それ以外の方は、「品詞問題」は600点を取るためには絶対に攻略しなければならないタイプの問題ですので、ちょっとの間我慢して、中学時代の自分に戻ったつもりで一緒に勉強しましょう。

まず、最初に皆さんに質問ですが、「品詞」って何でしょう？

名詞とか動詞のこと！

うん、まあそうです。でも、それは品詞の種類のことであって、品詞って何、という答えにはなっていませんよね（性格の悪い中年男）。で、ここでちょっと豆知識ですが、「品詞」は英語で「parts of speech」といいます。parts は「パーツ」つまり「部品」のことです。speech は「話すこと」つまり「言葉」です。ですから、「品詞」は「言葉の部品」ということになります。皆さんが聞いたことのある「名詞」とか「動詞」とか、そういう1つ1つの部品がつながって、言葉になっているんです。「品詞」というのは言葉を作っている1つ1つの部品のことなんです（へぇー）。

たとえば、Texっていう「名詞」と、is writingっていう「動詞」と、「a book」っていう「名詞」が合体して、Tex is writing a book.（TEXは本を書いている）という1つの「言葉」になります。TOEICの「品詞問題」というのは、空所に正しい部品

を入れて、1つの「言葉」を完成させる作業なのです。「**品詞問題は言葉を完成させるためのパズル**」と考えるとイメージしやすいかもしれません。

　英語の品詞にはいろいろな種類がありますが、TOEICの品詞問題を解くために、皆さんに押さえていただきたいのは、①名詞　②動詞　③形容詞　④副詞という「4大品詞」の基本的な働きです。それさえ押さえておけば、品詞問題のほとんどは正解できるんですよ（え、ほんとに）。

　まずは、それぞれの品詞の基本的な役割を見てみましょう。

🚃 4大品詞の役割

名詞：人やモノや事柄などの名前を表す
　English、student、book、dream、TOEIC など

動詞：主語（言葉の主人公）の動きや状態を表す
　study、read、take、make、learn など
　・be 動詞（be、am、is、are、was、were、been）と
　　それ以外（一般動詞と呼ばれる）の2種類がある

　と、ここまではいいですよね。We study English. なら、We と English が名詞で、study が動詞です。「それはさすがに知ってるよー」と皆さんも思っているでしょう。私が普段教えている300〜400点台の生徒も、ここまでは大丈夫です。ところが、問題になってくるのが、形容詞と副詞の役割です。このあたりからだんだん怪しくなってきます。皆さんはそれぞれの役割の違いが説明できますか？

形容詞：名詞を修飾（説明）する

 たとえば、「TEXってどういう先生？」って質問されたら、日本語でも、「いい先生」とか「若い先生」といった感じで「先生」という名詞を説明しますよね。この「いい」や「若い」が形容詞です。形容詞をこうして名詞の前につけ足すと、名詞をくわしく説明することができます。英語もこれと同じで、形容詞を teacher という名詞の前に置けば、a good teacher（いい先生）とか a young teacher（若い先生）といったふうに、TEX先生の素晴らしさを説明することができます（自作自演）。この good や young が形容詞です。文法用語では、ある品詞が別の品詞をくわしく説明することを「修飾する」といいます。つまり、名詞を修飾するのが形容詞の役割です。

 もう1つだけ、ここで皆さんに覚えておいていただきたいのは、基本的に、上の例のように形容詞が1つの単語で名詞を修飾する場合、名詞の前に置かれますが、2語以上のカタマリになって名詞を修飾する場合は、名詞の後ろに置かれるということです。日本語だと、どんなに長くなっても、「生徒に対してナイスな先生」と形容詞のカタマリは名詞の前に置かれますが、英語で「生徒に対してナイスな先生」といいたければ a teacher nice to his students と、nice to his students（生徒に対してナイスな）という形容詞のカタマリは teacher という名詞の後ろに置かれます（へぇーそうなのかぁ）。「**英語では長い修飾語は後ろに置かれる**」と頭に入れてください。

副詞:名詞以外を修飾(説明)する

　英語では、ほかの品詞を修飾する「修飾語」と呼ばれる役割をするのは、基本的に形容詞と副詞の2種類しかありません(もちろん例外もありますが)。そのうちの形容詞が、先ほどご説明したとおり、「名詞」を修飾する担当ですから、残りの「名詞以外」を修飾するのはすべて副詞の担当ということになります(大忙しだー)。

　たとえば、「話す」という動詞をくわしく説明したければ、日本語では「ゆっくり話す」とか「早口で話す」って言いますよね。この「ゆっくり」や「早口で」が副詞です。英語では、speak slowly や speak quickly となって、slowly(ゆっくり)と quickly(早口で)という副詞がそれぞれ speak(話す)という動詞を修飾しています。

　こうして動詞を修飾するのが副詞の主な役割ですが、a very nice teacher(とってもナイスな先生)なら、very という副詞は nice という形容詞を修飾し、「どのくらいナイスなのか」を説明していますし、Tex works very hard.(TEX はとても一生懸命働く)なら、very という副詞は、hard という副詞を修飾し、「どのくらい一生懸命なのか」を説明しています。教室ではよく、「えー副詞が副詞を修飾するなんてそんなのありー？」といった声も耳にしますが、もちろんモハメド・アリです。副詞は名詞以外をすべて修飾するわけですから、同じ副詞を修飾することもありますし、文全体を修飾することだってあります。形容詞が「私は名詞一筋なの」という一途な乙女だとしたら、副詞は「私は名詞以外ならわりと誰でも修飾しちゃうけどー」という八方美人って感じです(いまいちなたとえだなー)。

と、これが600点を取るために必要な「4大品詞」の働きです。これだけでばっちり、と言いたいところですが、皆さんの目標は、TOEICの品詞問題を解くために、「それぞれの部品（品詞）をつなぎ合わせて1つの言葉を完成させる」ことです。すなわち、それぞれの部品をどのようにつなぎ合わせればよいのか、というルールを理解しなければいけないのです（えーまだあんのー）。ガンダムのプラモデルを買ってそれぞれの部品内容を確認しても、ちゃんと説明書に従って組み立てないとガンダムにはなりませんよね。それと同じです（これもよくわかんないたとえだなー）。

　そこで、次のステップでは、「部品（品詞）のつなぎ合わせ方」を見ていきます。このステップをクリアしたらいよいよ問題演習に入っていきますから、もうひと踏ん張りですよ。

🚃 品詞の並べ方

　品詞の説明が長くて何が書いてあったかすっかり忘れちゃったよーという方のために、念のためにここまでの整理をしておきます。

① TOEICのパート5の40問のうち、「文法問題」と「単語問題」が半分ずつ出題される
② 問題を解く際は、まず選択肢をチェックして、どっちのタイプかを判断する必要がある
③「文法問題」の中で最も出題数が多く重要なのが「品詞問題」である
④「品詞問題」を解くためには、4大品詞の働きと組み合わせのルールを理解する必要がある

頭の中の整理ができたでしょうか。これまでのところで、①〜③までは見てきましたので、次は④です。実は、ここで役に立つのが、皆さんが中学校の時に習った「5文型」なんです（うわー聞きたくないよー）。

　日本語では、「TEXは英語を教える／TEXは教える英語を／英語をTEXは教える」のどの順番でも意味はわかりますよね。これは、「てにをは」がついているからです。ところが、英語には「てにをは」がないので、Tex teaches English. という文を、English teaches Tex. や Teaches English Tex. などと品詞の順番を入れ替えてしまうと、意味が通じなくなってしまいます。英語では、言葉を完成させるための部品（品詞）の並べ方には決まった順番があって、そのルールを示したものが「5文型」なんです（ふーん）。

　皆さんが中学時代に習ったとおり、英語の語順（品詞の並べ方）のルールは基本的に、

①SV　②SVC　③SVO　④SVOO　⑤SVOC

の5つです（なつかしー）。

　あれ、でも品詞って名詞とか動詞とかなのに、Sって主語だし、なんか違う気がする、と思われるかもしれませんね。実はSVOCになれる品詞はそれぞれ決まっているので、その組み合わせさえ覚えてしまえば大丈夫なんですよ。以下でルールをさっと確認しておきましょう。

🚃 5 文型と品詞

S（主語）とは、日本語にしたときに、「〜は」や「〜が」にあてはまる、その文の主人公のことです。たとえば、「I study English.」なら、「I（私は）」が主語になります。4大品詞の中で主語になれるのは名詞だけです。

英語のS（主語）になれるもの → 名詞

V（述語動詞）になれるのは動詞です。これはそのままですね。「I study English.」なら study が動詞です。

英語のV（述語動詞）になれるもの → 動詞

C（補語）とは、「主語は何なのか」「主語はどんな状態なのか」を説明する言葉で、主に be 動詞の後に置かれて、主語とイコールになります。たとえば、「Tex is a teacher.」だと「Tex = teacher」で、「Tex is happy.」だと「Tex = happy」ですね。この teacher や happy が補語です。4大品詞の中で補語になれるのは名詞と形容詞です。

英語のC（補語）になれるもの → 名詞 か 形容詞

O（目的語）とは、「Tex wrote a book.（TEXは本を書いた）」や「Tex called Masaya.（TEXはマサヤに電話した）」の「book」や「Masaya」のように、日本語にしたときに「〜を」や「〜に」にあてはまるモノや人のことです。Tex wrote.（TEXは書いた）だけだと、「え、何を書いたの？」ってなりますよね。その「何を」の役割をするのが目的語（ここではbook）です。目的語は補語とは違って主語とイコールにはなりません（Tex = book ではないですよね）。4大品詞の中で目的語になれるのは名詞だけです。

英語のO（目的語）になれるもの → 名詞

以上でSVOCと品詞の関係の説明は終わりです、と聞いて、「あれ、副詞が出てこなかったよ？」と気づかれた方、鋭いですね。副詞はわき役なので、SVOCになることができないのです。カレーライスでいえば、あったら嬉しいけど、なくても構わない「フクシンづけ」なんです。フクシだけに。

　4つの品詞の役割のところで説明しましたが、副詞は修飾語として「名詞以外」を修飾する役割をします。ちなみに修飾語はMという記号で呼ばれますので、英語でMになるのは形容詞と副詞、ということになりますね。

まとめ

英語の語順は、
① SV　② SVC　③ SVO　④ SVOO　⑤ SVOC の5つ

S（主語）になれるもの　　　→ 名詞
V（述語動詞）になれるもの　→ 動詞
C（補語）になれるもの　　　→ 名詞 か 形容詞
O（目的語）になれるもの　　→ 名詞
M（修飾語）になれるもの　　→ 形容詞（名詞修飾担当）か
　　　　　　　　　　　　　　　副詞（名詞以外修飾担当）

　長くなりましたが、皆さんはこれでTOEICの品詞問題を解くための4つの品詞の役割と、それを並べる順番をマスターしたことになります（つかれたぞー）。ここまで学んだことは、TOEICの品詞問題を解くために何よりも大切な基本ですから、忘れたら何度も見直してください。

　基本知識が頭に入ったら、後はひたすら実戦あるのみです。どんどん練習問題を解いて、身につけた知識を体で覚えましょう（やるぞー）。

🚆 品詞の見分け方

では品詞問題の練習に入っていきます。まずは品詞の見分け方からです。問題を解く際に、空所に入るのが副詞だ、ってわかったとしても、選択肢の中のどれが副詞かがわからないと解けませんよね。英語では、ラッキーなことに、その単語の語尾（お尻のスペル）を見るとおおよそ"何詞"なのかがわかるようになっています（ふーん）。以下に重要なものを掲載しますので、これは何度も見返してしっかりと覚えましょう。

主な名詞の語尾

-ance: performance（公演）, maintenance（保守点検）, distance（距離）

-cy: policy（方針）, emergency（緊急事態）, agency（代理店）

-sion: decision（決定）, extension（内線）, permission（許可）

-tion: position（職）, presentation（プレゼンテーション）, information（情報）

-ty: community（共同体）, facility（施設）, opportunity（機会）

-ness: business（会社）, effectiveness（効果）, fitness（健康）

-ment: document（書類）, department（部）, management（経営）

-sis: analysis（分析）, emphasis（強調）, oasis（オアシス）

主な動詞の語尾

-fy: identify（あきらかにする）, notify（知らせる）, modify（変更する）

-ize:	realize (気づく), organize (準備する), specialize (専門にする)

主な形容詞の語尾

-ous:	delicious (おいしい), serious (本気の), previous (以前の)
-ble:	available (手に入る), possible (可能な), reasonable (手ごろな)
-ful:	successful (成功している), careful (慎重な), useful (役に立つ)
-cal:	local (地元の), historical (歴史的な), economical (経済的な)
-cial:	financial (財政的), special (特別な), official (公式の)
-nal:	international (国際的な), additional (追加の), personal (個人的な)
-ive:	expensive (値段が高い), effective (効果的な), competitive (競争力のある)

主な副詞のスペル

-ly:	usually (普通は), recently (最近), frequently (ひんぱんに)

以下の単語が何詞か語尾で見分けてみましょう。

① definitely　　② continuous　　③ successful
④ government　　⑤ considerable　⑥ policy
⑦ effective　　⑧ identify　　⑨ expectation
⑩ accurately　　⑪ sharpness　　⑫ economical
⑬ expansion　　⑭ security　　⑮ realize
⑯ efficiently　　⑰ additional　　⑱ dependable
⑲ impressive　　⑳ productivity

解答欄

名詞　_____

動詞　_____

形容詞　_____

副詞　_____

| 名詞 | ④⑥⑨⑪⑬⑭⑳ | 動詞 | ⑧⑮ |
| 形容詞 | ②③⑤⑦⑫⑰⑱⑲ | 副詞 | ①⑩⑯ |

🚃 品詞の見分け方のコツ

TOEICの品詞問題を解く際、以下の2つの品詞の見分け方はとても重要です。これを知っていると本番のテストでも必ず役に立ちますから、しっかり覚えておきましょう。

(1) 副詞から -ly を取ったら形容詞

副 詞	マイナス -ly	形容詞
effectively	→	effective
economically	→	economical
frequently	→	frequent

(2) -ed や -ing から -ed や -ing を取ったら動詞の原形

-ed/-ing	マイナス -ed/-ing	動詞の原形
decided	→	decide
recognizing	→	recognize
specialized	→	specialize

🚃 TOEIC品詞問題の鉄則

皆さん、ここまでよくオヤジギャグと退屈な文法説明についてこられました（ほんとだよー）。次のページで紹介するのは、このワシからの最後の土産「TOEIC品詞問題究極奥義秘伝書」じゃ。このワシの長年に渡る研究でわかったのじゃが、TOEICの品詞問題の奴らの多くは、たいてい毎回懲りずに同じようなパターンの攻撃を仕掛けてくる。そなたらはこの敵の攻撃パターンさえ知っていれば、自らが傷を負うことなく相手を瞬殺できるのじゃ。では、この巻物をさずけよう。よく修行に耐えたな。そなたらが目標点数を達成することを信じておるぞ。

TOEIC 品詞問題の鉄則

名詞の鉄則

① 冠詞（a/an/the）の後ろは名詞のカタマリ

Tex is <u>a</u> very good **teacher**.

② 主語になるのは名詞

My score will be over 600 soon.

動詞の鉄則

助動詞の後ろは動詞の原形（直後ではない場合もあります）

We <u>can</u> easily **open** the box.

形容詞の鉄則

① 名詞の前は形容詞

Tex is a **nice** <u>teacher</u>. 　（ナイスな → 先生）

② be動詞の後ろは形容詞（直後ではない場合もあります）

Tex <u>is</u> very **kind**.

副詞の鉄則

① 形容詞の前は副詞

Mobile phones are **very** <u>useful</u>.

（「とても→役に立つ」と形容詞を修飾）

② 主語と動詞の間は副詞

<u>Tex</u> **usually** <u>teaches</u> TOEIC.

（「普段→教える」と動詞を修飾）

③ 助動詞と動詞の間は副詞
You can **quickly** find the hotel.
(「すぐに → 見つける」と動詞を修飾)

④ be 動詞と -ed の間は副詞
The score report was **finally** received.
(「やっと → 受け取る」と動詞を修飾)

⑤ be 動詞と -ed の後ろは副詞
The door must be closed **securely**.
(「しっかり → 閉める」)と動詞を修飾)

基本問題 1~10 品詞の基本問題 10題

いよいよこれまでの勉強の成果を発揮するときが来ました。ここからは実際に「品詞問題」を解いていきます。まずは、TOEIC の問題よりも少し簡単な基本問題からです。空所の前後を見て、何詞が入るかを判断して、選択肢の中からあてはまるものを選びましょう。

1. Tex Kato ------- believed the news.

(A) wrong
(B) wronged
(C) wrongness
(D) wrongly

2. It is a ------- impossible task.

   (A) nears
   (B) neared
   (C) nearly
   (D) nearness

3. All contracts must be ------- reviewed.

   (A) rigor
   (B) rigors
   (C) rigorous
   (D) rigorously

4. Tex Kato will probably ------- a job offer from a university.

   (A) accept
   (B) accepted
   (C) acceptable
   (D) acceptance

5. Tex Kato's new office is -------.

   (A) space
   (B) spacious
   (C) spaciously
   (D) spaciousness

6. Tex Kato left the job because the work was too -------.

   (A) repeat
   (B) repetitive
   (C) repetitively
   (D) repetition

7. Tex Kato gave an ------- performance during his first week on the job.

   (A) impress
   (B) impression
   (C) impressive
   (D) impressively

8. Tex Kato signed an ------- with his new employer.

   (A) agrees
   (B) agreed
   (C) agreeable
   (D) agreement

9. Please review the ------- for the new advertising campaign.

   (A) propose
   (B) proposes
   (C) proposed
   (D) proposal

10. ------- in the market seems to be greater than we expected.

   (A) Competes
   (B) Competitive
   (C) Competitively
   (D) Competition

解答・解説

1. 正解 (D)

副詞の鉄則②参照。主語と動詞の間に入り、動詞を修飾するのは副詞なので、選択肢の中から -ly がついた (D) を選ぶ。(A) は形容詞か動詞、(B) は過去形か過去分詞、(C) は名詞。

訳 TEX 加藤はその知らせを誤って信じた。

2. 正解 (C)

副詞の鉄則①参照。impossible（不可能な）という形容詞（-ble というスペルで判断）の前に置いて修飾するのは副詞なので、-ly のついた (C) nearly（ほとんど）が正解。(A) は動詞の原形 near（近づく）に三単現の s がついた形、(B) はその過去形か過去分詞、(D) は名詞。

訳 それはほとんど不可能な業務だ。

3. 正解 (D)

副詞の鉄則④参照。「be 動詞 ------- -ed」の間に入るのは、動詞を修飾する副詞以外にないので、選択肢の中から -ly がついた (D) を選ぶ。rigorously は「厳密に」の意味。(A) は「厳しさ」という意味の名詞で、(B) はその複数形。(C) は (D) から -ly を取った形容詞で「厳密な」という意味。単語の意味がわからなくても、「動詞を修飾するのは副詞で、語尾に -ly がついた単語が副詞」という基本がわかっていれば解ける。

訳 すべての契約書は厳密に精査されるべきだ。

4. 正解 (A)

動詞の鉄則参照。(B) から -ed を取った (A) が正解。accept は「受け入れる」という意味。助動詞の直後に動詞の原形を入れる形だとやさしいが、この問題の probably (おそらく) のように、助動詞と動詞の原形の間に副詞が入る (副詞の鉄則③参照) 形での出題も多い。助動詞を見つけたらまずは動詞の原形を探そう。(B) は (A) の過去形か過去分詞、(C) は -ble で終わる形容詞、(D) は -ance で終わる名詞。

訳 TEX加藤はおそらく大学からの仕事のオファーを受け入れるだろう。

5. 正解 (B)

形容詞の鉄則②参照。be 動詞の後ろは形容詞、という鉄則に従って -ous で終わる形容詞 (B)spacious (広い) を選ぶ。(A) は「空間」という名詞で文法的には OK だが、「TEX加藤の新しい部屋は空間です」では意味が通じない。(C) は「広く」という副詞、(D) は「広さ」という名詞で (A) と同じく意味が通じない。

訳 TEX加藤の新しい部屋は広い。

6. 正解 (B)

形容詞の鉄則②参照。be 動詞の後ろは形容詞、という鉄則に従って、副詞の (C) から -ly を取った形容詞 (B) repetitive (繰り返しの多い) を選ぶ。(A) は「繰り返す」という動詞、(D) は「繰り返し」という名詞。これでは文の意味が通じないし、副詞の too は名詞を修飾できない。

訳 TEX加藤は、作業があまりに同じことの繰り返しばかりだったので、その仕事をやめた。

7. 正解 (C)

　形容詞の鉄則①参照。名詞の前は形容詞、という鉄則に従って、-ive で終わる形容詞 (C) impressive（印象的な）を選ぶ。(A) は「印象づける」という意味の動詞、(B) は「印象」という意味の名詞、(D) は「印象的に」という意味の副詞。

訳　TEX加藤は働き始めた最初の週に、印象に残る働きを見せた。

8. 正解 (D)

　名詞の鉄則①参照。冠詞 (a/an/the) の後ろは名詞のカタマリという鉄則に従って、-ment で終わる名詞 (D) agreement（合意書）を選ぶ。(A) は動詞 agree（合意する）に三単現の -s がついた動詞、(B) はその過去形か過去分詞、(C) は -ble で終わる形容詞で、「合意できる」という意味。

訳　TEX加藤は雇用契約書に署名した。

9. 正解 (D)

　名詞の鉄則①参照。冠詞 (a/an/the) の後ろは名詞のカタマリという鉄則に従って、空所には名詞を選ぶ。選択肢のどれが名詞か判断がしづらいが、(A)propose は「提案する」という意味の動詞の原形で、(B) はそれに三単現の -s がついた動詞。(C) は (A) の過去形か過去分詞だから、名詞は残った (D) ということになる。proposal は「提案」という意味の TOEIC 重要語。

訳　新しい広告キャンペーンの提案に目を通してください。

10. 正解 (D)

　名詞の鉄則②参照。この文には、seems という動詞の主語がないので、-tion で終わる名詞の (D) Competition（競争）

を入れれば文が完成する。(A)は「競争する」という意味の動詞に三単現の -s がついた形、(B)は -ive で終わる「競争力のある」という意味の形容詞、(C)はそれに -ly がついた副詞で「競争的に」の意味。

訳 市場での競争は、我々が予想していたよりも激しいようだ。

　この問題を解いた際、教室で出た質問が、「Competition って名詞なのに、なぜ次に動詞じゃなくて in が来るんですか？ SV の順番だと次は動詞ですよね」というものでした。品詞の説明のところで、英語の修飾語には形容詞か副詞しかない、という説明をしましたよね。実は、〈前置詞 + 名詞〉（文法用語では前置詞句と呼ばれます）のカタマリはその修飾語の役割をすることができるんです。たとえば、Tex is a teacher at Meikai University. なら、at Meikai University という〈前置詞 + 名詞〉のカタマリは、「明海大学の→先生」と名詞を修飾する形容詞の役割をしていますし、Tex teaches at Meikai University. なら、「明海大学で→教える」と動詞を説明する副詞の役割をしています。この問題では、Competition in the market の in the market というカタマリが、「市場における→競争」と前の名詞を説明する形容詞の役割をしているんです。英語では 2 語以上の長い修飾語は基本的に後ろに置かれるんでしたよね (P147 参照)。品詞問題を解く際のポイントとしては「〈前置詞 + 名詞〉のカタマリはカッコでくくる」と覚えてください。Competition (in the market) seems to be greater than we expected. とすれば、Competition が S、seems が V であることがはっきりしますよね。

　さあ、次ページからは、本番レベルの品詞問題です。

パート5　品詞問題の実戦テスト

◀ 39

1. Tex Amusement Park had an ------- year, reporting the number of visitors up as much as 200 percent over the previous year.

   (A) exceptional
   (B) exception
   (C) exceptions
   (D) exceptionally

2. Tex Fitness Club has developed a program where children can fully ------- in health-building exercises.

   (A) participate
   (B) participating
   (C) participated
   (D) participant

3. ------- are nearly complete for the product demonstration at the press conference scheduled for Friday.

   (A) Prepare
   (B) Prepares
   (C) Prepared
   (D) Preparations

4. Located around 150 miles south of Rome, Tex Island can ------- be reached by plane from Napoli Airport.

(A) easily
(B) easy
(C) ease
(D) easiness

5. The results of recent water quality monitoring in the area verify that community health and safety concerns have been ------- addressed.

(A) effect
(B) effective
(C) effectively
(D) effectiveness

6. Tex Kato ------- threw away the copies of the itinerary for his trip to Mumbai, so he had to have new ones printed.

(A) mistake
(B) mistakenly
(C) mistakes
(D) mistook

7. Because the number of seminar participants was estimated -------, the organizer was forced to find a larger venue.

(A) inaccurate
(B) inaccuracy
(C) inaccurately
(D) inaccuracies

8. Curtains designed by Elaine Hutton, are ------- by such distinctive motifs as tulips, stylized birds and animals, and vases of flowers.

 (A) identify
 (B) identifies
 (C) identity
 (D) identifiable

9. The budget proposal for the next fiscal year was examined extremely ------- before it was submitted to the board of directors.

 (A) care
 (B) careful
 (C) more careful
 (D) carefully

10. We recommend that groups of ten or more people make ------- at the restaurant well in advance.

 (A) reserve
 (B) reserves
 (C) reserved
 (D) reservations

パート5　品詞問題実戦テスト　解答・解説

1. 正解 (A)

year という名詞を修飾する形容詞を選ぶ。どれが形容詞かわからない場合は、「副詞から -ly を取ったら形容詞」だから、(D) から -ly を取った (A) が形容詞だと判断する。exceptional は「非常に素晴らしい」の意味。(B) は「例外」という意味の名詞、(C) はその複数形、(D) は「並外れて」という意味の副詞。

- □ **visitor** 訪問者
- □ **as much as** は「200％も」という強調の意味。
- □ **previous** 前の

訳 TEX アミューズメントパークは、前年比で訪問者数が200％にもなる素晴らしい1年だったと報告した。

2. 正解 (A)

助動詞 can の後ろなので動詞の原形を選ぶ。もしどれが動詞の原形かわからなければ、ほかの選択肢を見て -ed や -ing がついているものがあれば、それを取ればよい。participate は「参加する」という意味。(B) はその現在分詞か動名詞、(C) は過去形か過去分詞、(D) は「参加者」という意味の名詞。

- □ **develop** 開発する　□ **health-building** 健康増進

訳 TEX フィットネスクラブは、子供たちが健康増進運動に全面的に参加できるプログラムを開発した。

3. 正解 (D)

文の主語がないので、語尾が -tion で終わる名詞の (D) を

168　Part 5　短文穴埋め問題

選ぶ。「主語になれるのは名詞」という基本で解ける。preparation は「準備」という意味。(A) は「準備する」という意味の動詞で、(B) はそれに三単現の -s がついた形、(C) は過去形か過去分詞。

- □ **nearly** ほとんど　　□ **complete** 完了した
- □ **product** 製品　　□ **demonstration** 実演
- □ **press conference** 記者会見　　□ **schedule** 予定する

訳　金曜日の記者会見で予定されている製品の実演の準備はほとんど完了した。

4. 正解 (A)

助動詞 can の後ろに動詞の原形の be があるので、間に入って動詞を修飾する副詞を選ぶ。easily は「簡単に」の意味。(B) は「簡単な」という形容詞、(C) は「簡単さ」という名詞や「やわらげる」という意味の動詞で、(D) は「気楽さ、簡単さ」という意味の名詞。

- □ **located** 位置する、(場所に) ある　　□ **reach** 到達する

訳　ローマの南約150マイルに位置する TEX 島は、ナポリ空港から簡単に飛行機で行ける。

5. 正解 (C)

一見難しそうだが、空所の前後を見ると、「be ------- -ed」の形なので、副詞の鉄則④で5秒で解ける。仮に意味がわからなくても、-ly のついた (C) を選べば正解できる。effectively は「効果的に」の意味。(A) の effect は「効果」という意味の名詞、(B) は「効果的な」という形容詞、(D) は「有効性」という名詞。

- □ **result** 結果　　□ **recent** 最近の　　□ **water quality** 水質
- □ **monitoring** 監視　　□ **verify** 立証する
- □ **concern** 心配事、不安
- □ **address** 対処する（addressは「話しかける」の意味もTOEICでは重要）

訳 最近の地域での水質を監視した結果、健康や安全についての地域社会の不安に、効果的な対応が行われたことが立証された。

6. 正解 (B)

主語と動詞の間に入るのは、動詞を修飾する副詞。この文のSが Tex Kato、V が threw away（捨てた）であることを確認するのがポイント。(B) の mistakenly は「誤って」という意味の副詞。(A) は「誤り」という意味の名詞か「誤解する」という意味の動詞、(C) はその名詞の複数形または動詞に三単現の -s がついた形、(D) は動詞の過去形。

- □ **throw away** 捨てる
- □ **itinerary** 旅程表（旅行のスケジュール表）
- □ **ones = copies**　　□ **print** 印刷する

訳 TEX加藤はムンバイへの出張の旅程表のコピーを誤って捨ててしまったので、新しいコピーを印刷してもらう必要があった。

7. 正解 (C)

これも、「be -ed -------」の空所には動詞を修飾する副詞が入るという副詞の鉄則⑤で解ける。inaccurately は accurately「正確に」の反意語で「不正確に」の意味。(A) はそこから -ly を取った形容詞で「不正確な」という意味、(B) は語尾が -cy で終わる「不正確さ」という意味の名詞、(D) はその複数形。

- □ **participant** 参加者　　□ **estimate** 見積もる
- □ **organizer** 主催者
- □ **be forced to do** 〜せざるを得ない　　□ **venue** 会場

訳　セミナーの参加者の数を正確に見積もっていなかったので、主催者はより大きな会場を見つけざるを得なかった。

8. 正解 (D)

「be 動詞の後ろは形容詞」という形容詞の鉄則②で解ける。もし選択肢の意味がわからなくても、語尾が -ble の (D) が形容詞だとわかる。identifiable は「ぱっと見てわかる、特定できる」の意味。(A) は -fy で終わる動詞で「特定する」の意味、(B) はそれに三単現の s がついた形で、(C) は -ty で終わる名詞で「身元」という意味。

- □ **distinctive** 特徴的な　　□ **motif** モチーフ
- □ **stylized** デザイン化された　　□ **vase** 花瓶

訳　イレーヌ・ハットンによってデザインされたそのカーテンは、チューリップやデザイン化された鳥や動物、花瓶に入った花といった特徴的なモチーフで、一見してすぐわかる。

9. 正解 (D)

応用問題。空所の前の形をよく見ると、「was examined」があるので、「be -ed -------」の空所には副詞が入るという副詞の鉄則⑤の応用と考え、-ly のついた (D) を選べばよい。carefully は「慎重に、丁寧に」の意味で、動詞の examine「調べる」を修飾している。空所の前に extremely という単語があるが、これは「非常に」という意味の副詞で、carefully を修飾している。「副詞は副詞を修飾することもある」のを忘れないように。(A) は「心配」という意味の名詞か「気にかける」と

いう動詞、(B) は -ful で終わる形容詞で「注意深い、丁寧な」の意味、(C) はその比較級。

- □ **budget** 予算　□ **proposal** 提案
- □ **fiscal year** 会計年度　□ **examine** くわしく調べる
- □ **extremely** 非常に　□ **submit** 提出する
- □ **board of directors** 取締役会

訳　次の会計年度の予算提案は、取締役会に提出される前に非常に丁寧にチェックされた。

10. 正解 (D)

これも応用問題。空所の前に make という動詞があるが、これは目的語を必要とする他動詞と呼ばれるタイプの動詞。「Tex makes.（TEXは作る）」だと文にならないので、「Tex makes a plan.（TEXは計画を立てる）」のように「何を」にあたる目的語を後ろに置く必要がある。SVOC のところで説明をしたように、O になれるのは英語では名詞なので、選択肢の中から -tion で終わる名詞の (D) を選べばよい。reservation は「予約」という意味。(A) は「予約する」という意味の動詞で、(B) はそれに三単現の -s がついた形、(C) はその過去形か過去分詞。

- □ **recommend** 勧める　□ **well** 十分な、かなり
- □ **in advance** 前もって

訳　10人以上の団体のお客様は前もってレストランを予約されることをお勧めします。

いかがでしたか？ これだったら、最初にやった品詞の働きなんか覚える必要なくて、「鉄則」だけ覚えればOKじゃないの、と思われた方もいらっしゃるかもしれません。確かに、品詞問題だけを見ると、「鉄則」で解けるケースも多いのですが、4大品詞の働きというのは、英語力の基礎となる大切な知識です。「鉄則」だけ覚えて問題を解こうとするのには限界がありますし、TOEICスコアも英語力も一定以上は伸びません。

私が尊敬する将棋の羽生善治名人は、著書『決断力』（角川oneテーマ21）の中でこう語っています。

> 「私は、自ら努力をせずに効率よくやろうとすると、身につくことが少ない気がしている。近道思考で、簡単に手に入れたものは、もしかしたらメッキかもしれない。メッキはすぐに剥げてしまうだろう。」

TOEIC対策にもこれと同じことが言えます。「すべては基本」です。「毎日の小さな努力のつみ重ねが、歴史を作っていくんだよ」とドラえもんも言っています。まずは日々の地道な基礎作りからはじめましょう。

ここまでは、パート5のスコアアップに最も大切な品詞問題に取り組んできましたが、ここから先は、皆さんが600点を取るために正解したいそのほかの5つのタイプの問題を取り上げます。

動詞問題をモノにしよう

TOEICでほぼ毎回数問出題されるのが、同じ動詞の異なる形が選択肢に並んでいるタイプの問題です。このタイプの問題が解けないと、「どうしよう」と困りますね。どうしだけに。

気を取り直して、以下の例題を見てください。

動詞問題 1

◀ 40

Tex One mobile phones ------- very popular right now because they come in a wide variety of colors.

(A) are becoming
(B) became
(C) has become
(D) to become

同じbecome（〜になる）という動詞の異なる形が選択肢に4つありますよね。

このタイプの問題は、以下の3つのポイントを順にチェックすれば解けるんです。

① 主述の一致

英語の基本のS（主語）とV（述語動詞）をチェックしよう

② **時制**
問題文がいつの話（過去・現在・未来）なのかをチェックしよう

③ **態**
能動態か受動態かをチェックして、仲間外れを探そう

　まずはポイント①です。この問題のS（主語）とV（述語）を見つけてみましょう。主語が「Tex One mobile phones」で、動詞がありませんよね。つまり、空所にはV（述語動詞）を入れなければいけません。4つの選択肢の中に、動詞ではないものが1つありますよ。それは、(D)です。動詞にtoがついたものは「不定詞」と呼ばれ、動詞が変身したものです。「不定詞は動詞ではない」と覚えておきましょう。

　もう1つ、ポイント①で間違いだとわかる選択肢があります。どれでしょうか？　それは(C)です。なぜでしょう？　主語をよく見ると、phonesとなっていて、複数形ですね。なのに、(C)has becomeとhaveに三単現の-sがついていますよ。複数形の主語の述語動詞にsをつけてはいけないのでこれは間違いです。

　ということで、ポイント①で(A)(B)の2つが残りました。次に、ポイント②をチェックします。この文がいつの話をしているかがわかるキーワードが問題文の中にありますよ。どれでしょう？　そうです。right now（ちょうど今）と書かれているので、この文は今の話をしていることがわかるんです。ですから、過去形の(B)は間違いです。「ちょうど今人気があった」ではおかしいですよね。ということで、正解は残った(A)です。この〈be動詞＋動詞のing形〉は「現在進行形」と呼ばれ、現在進行中の動作を示します。

正解 (A)

訳 TEXワン携帯は、さまざまな色があるので、今とても人気になっている。

このタイプの問題をもう1問見てみましょう。

動詞問題 2

◀ 41

Mr. Kato and Mr. Kanzaki ------- to work together on a TOEIC book.

(A) assigned
(B) assigning
(C) will assign
(D) have been assigned

「assignって単語の意味がわかんない」って思った方、きっといますよね。でも大丈夫。このタイプの問題は、もし単語の意味がわからなくても何とかなりますよ。

まず、ポイント①に従って、S（主語）とV（述語動詞）を探します。Sは、Mr. Kato and Mr. Kanzaki ですね。Vはありますか？ to work は述語動詞ではありませんよ。この前の問題で勉強しました。これは不定詞です。動詞に to がつくと動詞以外に変身するんでしたね。

ということで、空所には不足している述語動詞を入れなければいけません。4つの選択肢の中で、動詞じゃないものが1つありますよ。どれでしょうか？ それは、(B) assigning です。to と同じように、動詞に -ing がつくと、「現在分詞」や「動名詞」という名前の「動詞以外のもの」に変身する、と覚えておきましょう。ポイント①で残ったのは (A)(C)(D) です。

次に、ポイント②の「時制」をチェックします。この文がいつの話なのか、わかりますか？　前回の right now のような、「いつの話なのかを示すキーワード」が文中にないですよね。今の話なのか過去の話なのか未来の話なのかが全然わかりません。つまり、この問題は「時制」では解くことができない、ということなんです。

　ということで、この問題を解くためのポイントは、ポイント③の「態」ということになります。「能動態（普通の文のこと）」か「受動態（「〜される」という受け身の文）」か、どっちが正しいですか、ということが問われているんです。

　この時点で、「うわー態なんてわかんないよー」と思ったそこのあなた、大丈夫ですよ。英語の受動態というのは、都合のいいことに、〈be 動詞 +-ed〉の形しかありません。なので、そこだけを見れば受動態だとわかるんです。

　選択肢の (A) と (C) には be 動詞がないですよね。なので、これらは能動態です。(D) は be 動詞の been がちゃんとあって、assigned と動詞に -ed がついていますから、これが受動態ですね。この問題では、「能動態か受動態かどっちが正解か」が問われているわけですから、能動態がもし正解だったら、(A) も (C) も正解になってしまいます。ということで、正解は (D) です。「態の問題は仲間外れが正解」という鉄則を頭に入れておきましょう。ちなみに assign は「人を〜に任命する」という意味です。

　正解 (D)

訳　加藤さんと神崎さんは、その TOEIC 本で共同作業をするよう任命された。

さあ、次ページから、本番レベルの実戦問題に挑戦です。

パート5　動詞問題の実戦テスト

◀ 42

11. Ray Corwin, the PR manager, ------- the materials needed for the logo contest to his staff members.

(A) distribute
(B) distributing
(C) distributed
(D) to distribute

12. The award ceremony ------- with a speech by the Chief Executive Officer, Harry Robinson.

(A) opening
(B) to open
(C) open
(D) opened

13. We are pleased to announce that Tex Kato ------- his new position as store manager next week.

(A) started
(B) was starting
(C) has been starting
(D) will be starting

14. During the company banquet last night, Mr. Kato ------- for his 30 years of service as a sales representative.

(A) honoring
(B) will be honored
(C) to be honored
(D) was honored

15. Revised policies for returns and exchanges at TEX Clothing Mart ------- on September 1st.

(A) will be implemented
(B) are implementing
(C) were implementing
(D) implements

パート5　動詞問題の実戦テスト　解答・解説

11. 正解 (C)

動詞問題3つのポイントのポイント①で解ける問題。この文の主語は Ray Corwin で空所には述語動詞が入るので、動詞ではない (B)(D) は不正解。残った (A)(C) のうち、主語が三人称単数なので、現在形なら三単現の -s が必要だから原形の (A) も不正解。distribute は「配る」の意味。

- □ **PR** 広報宣伝（**Public Relations**の略）　　□ **material** 材料

訳　広報宣伝マネジャーのレイ・コーウィンは、ロゴ・コンテストに必要な素材をスタッフに配布した。

12. 正解 (D)

これも同じくポイント①で解ける。この文の主語は The award ceremony で空所に入るのは述語動詞。(A)(B) はともに動詞ではない。(C) は問1と同じく主語が三人称単数なので、現在形なら -s が必要。open はここでは「開始する、開幕する」の意味。

- □ **award ceremony** 授賞式
  □ **Chief Executive Officer** 最高経営責任者（略語はCEO）

訳　授賞式は、最高経営責任者のハリー・ロビンソンのスピーチで開幕した。

13. 正解 (D)

空所には、Tex Kato という主語の述語動詞が必要だが、(A)〜(D) まですべて述語動詞になれる形なので、ポイント①では解けない。次にポイント②の「時制」の視点で文を見ると、最後に next week（来週）というキーワードがあるので、未来の話をしていることがわかる。よって、(D) が正解。

180　Part 5　短文穴埋め問題

- □ **be pleased to do** 〜できて嬉しい
- □ **announce** 発表する　□ **position** 職

訳 我々は、TEX加藤が来週から店長として新しい仕事を始めることを発表できて嬉しい。

14. 正解 (D)

空所には主語の Mr. Kato の述語動詞が必要なので、動詞ではない (A)(C) はまず不正解。いつの話なのかを示すキーワードを探すと、last night とあって過去の話だとわかるので、(D) が正解。honor は「称える」という意味。

- □ **during** 〜の間　□ **banquet** 夕食会
- □ **sales representative** 営業担当者

訳 昨夜の会社の夕食会で、加藤さんは、営業担当者としての30年間の勤務を称えられた。

15. 正解 (A)

この文の全体の骨格は Revised policies ---v--- on September 1st. で、空所には述語動詞が必要です。4つの選択肢のうち、主語が複数形なので、三単現の -s がついている (D) は不正解。ポイント②の時制で考えようとしても、9月1日がいつの話なのかがここではわからない。そこでポイント③の「態」で考えると、(A) は〈be 動詞 +-ed〉の形なので受動態、(B)(C) は -ing 形で能動態だとわかるので、仲間外れの (A) が正解。implement は「実行する、実施する」という意味。

- □ **revised** 訂正された　□ **policy** 方針、規定
- □ **returns and exchanges** 返品交換

訳 TEXクロージング・マートの改訂版の返品交換規定は、9月1日に実行される予定です。

前置詞 or 接続詞問題（毎回2～3問）をモノにしよう

このタイプの問題は基本パターンさえ覚えてしまえば、間違いを激減させることができますから、本番のテストでは、皆さんはしっかり得点源にしましょう。

この問題では、「空所に入れると文法的に正しくなるのは前置詞か接続詞のどちらですか」ということが問われています。皆さんが本番のテストで、選択肢を見たときに、although、despite、while、due to、because といった単語が並んでいたら、間違いなくこのタイプの問題です。

このタイプの問題を解くポイントはずばり、「空所の後の形」です。

たとえば、以下の例題を見てください。

前置詞 or 接続詞
1
◀ 43

------- its high cost of living, Tokyo is popular among young people for its convenience.

 (A) Because
 (B) In spite of
 (C) Even though
 (D) Consequently

まず、選択肢に並んでいる単語を見て、これは「前置詞 VS 接続詞」タイプの問題だな、とビビッと感じてください。「会ったときにビビビと来たんです」といって「ビビビ婚」という言葉を流行させた松田聖子さんばりの直感が大切です。

182 Part 5 短文穴埋め問題

問題タイプを見分けたら、次に皆さんがチェックすべきなのは、「空所の後ろからカンマまでの形」です。この部分が、〈S+V〉という文の形なら接続詞、そうでなければ前置詞を選ぶ、というのが、このタイプ問題を解くための鉄則です。

空所の後が S+V
　→ 接続詞（although、because、while 等）が正解

空所の後が S+V じゃない
　→ 前置詞（despite、because of、during 等）が正解

　そんなこと言われても、空所の後ろが S+V かそうでないかがよくわからないんですけど、という方は、形を見分けるための一番簡単な方法として、V になる動詞があるか探してみましょう（動詞があっても S+V でない場合もありますが、600点を目指すにはこれが基本です）。

　先ほどの例題で、空所の後ろからカンマまでには何がありますか？ its high cost of living（高い物価）という名詞ですよね。V にあたる動詞がありません。ということは前置詞を選べばよいので、選択肢の中で唯一の前置詞である「～にもかかわらず」という意味の (B)In spite of が正解です。(A) と (C) は接続詞、(D) は -ly がついているので副詞です。なお、副詞は、このタイプの問題では間違いですので、絶対に選ばないようにしましょう。品詞問題ではお声がよくかかる副詞は、この問題では「お呼びでない」のでございます。

正解 (B)

訳　物価が高いにもかかわらず、東京は便利なので若者に人気がある。

覚えておきたい前置詞・接続詞・副詞

選択肢を見て、「前置詞 vs 接続詞」タイプの問題だとわかったとしても、どれが前置詞でどれが接続詞なのかを見分けることができないと正解することはできません。よく出題される前置詞・接続詞・副詞のうち、600点を目指す皆さんが覚えておかなければいけないものを以下にリストアップしておきますから、しっかり覚えてください。

前置詞　後ろがS＋Vでない

despite（〜にもかかわらず）、in spite of（〜にもかかわらず）、
because of（〜なので）、during（〜の間）、
due to（〜が原因で）、according to（〜によると）、
in addition to（〜に加えて）、instead of（〜の代わりに）

接続詞　後ろがS＋V

although（〜にもかかわらず）、even though（〜にもかかわらず）、
because（〜なので）、since（〜なので）、
while（一方で、〜の間）、when（〜のとき）、
unless（〜でない限り）、even if（たとえ〜だとしても）、
whether（かどうか、〜であろうと）、
once（いったん〜したらすぐに）

副詞　このタイプの問題では不正解

however（しかしながら）、nevertheless（にもかかわらず）、
moreover（さらに）、furthermore（さらに）、
therefore（したがって）、even（〜でさえ）、also（〜もまた）、
instead（代わりに）

パート5　前置詞・接続詞問題の実戦テスト

16. ------- the festival parade, Tex Avenue from 44th Street to 86th Streets will be closed from 11:30 A.M. to 3:30 P.M. tomorrow.

(A) Although
(B) Accordingly
(C) Therefore
(D) Because of

17. ------- the files were highly confidential, employees were asked to sign an agreement stating they would not disclose any of the information to the general public.

(A) Because
(B) However
(C) Despite
(D) Therefore

18. ------- Tex Hotel is close to the business district, it attracts a large number of business travelers.

(A) Although
(B) Despite
(C) Therefore
(D) Since

パート5 前置詞・接続詞問題実戦テスト 解答・解説

16. 正解 (D)

空所の後ろからカンマまでが the festival parade と動詞がないことから、「これは S+V じゃないわ。前置詞が正解ね。フフ」と判断し、(D) を正解として選びます。(A) は接続詞、(B)(C) は選んではいけない副詞です。

訳 お祭りのパレードのため、TEX 通り44番地から86番地までは、明日の午前11時半から午後3時半まで閉鎖される予定です。

17. 正解 (A)

問題文が長めですが、「ひゃっ。こんなの無理」とひるまないように。空所の後ろからカンマまでを見ると、were という be 動詞がありますよね。ということで、「これは S+V じゃああああ。接続詞を選んだるでー」と鼻息荒く(鼻息荒くなくても構いませんが)、選択肢の中から接続詞の (A) を正解として選びます。(B)(D) は副詞、(C) は前置詞です。

- ☐ **highly** 非常に ☐ **confidential** 機密の
- ☐ **sign** 署名する ☐ **agreement** 契約、取り決め
- ☐ **state** 述べる ☐ **disclose** 暴露する、漏らす
- ☐ **general public** 一般の人々

訳 そのファイルは非常に機密性が高かったので、従業員は、その中のいかなる情報も外部に決して漏らさないという同意書への署名を求められた。

186 Part 5 短文穴埋め問題

18. 正解 (D)

　空所の後ろに is を発見し、「ホホホ。動詞があるから接続詞が正解よ。正解は (A) だわ」と即断してはいけません（えっ？）。ほかの選択肢をよく見てください。(B) は前置詞、(C) は副詞ですが、(D) にもう1つ接続詞の Since がありますよね（あ、ほんとだ）。ということは、文法的にはどちらも正しいので、文の意味が通じる方を選ばなければいけないのです。ここでは、カンマの前が「TEX ホテルはビジネス地区に近い」、後ろが「ビジネス客に大人気だ」という意味です。「ビジネス地区に近い」から「ビジネス客に大人気だ」とすれば意味が通じますから、理由を示す (D)Since が正解です。(A) を入れてしまうと、「ビジネス地区に近い」にもかかわらず「ビジネス客に大人気だ」となってイミフ（若者言葉で「意味不明」のこと）です。本番では、こういうタイプの問題も出ますから、必ず選択肢には一通り目を通すようにしましょう。

- □ **be close to**〜　〜に近い　　□ **district**　地区
- □ **attract**　引きつける
- □ **a large number of**〜　たくさんの〜

訳　TEX ホテルはビジネス地区に近いので、多くのビジネス客に人気がある。

代名詞問題をモノにしよう

he/his/him/himself といった選択肢の中から、正しい答えを選ぶ文法問題で、毎回1〜2問出題されます。代名詞の「格」と呼ばれるそれぞれの役割をしっかりと押さえ、正解を目指しましょう。

それぞれの役割の説明として、ここでは he を例に取り上げます。

he (主格)： 主語になります。
(例) He has a car.

his (所有格)： 名詞の前に置いて所有者を示します。
(例) His car is blue.

his (所有代名詞)： 前に出てきた名詞の繰り返しを避けるために使われます。
(例) My car is red, and his is blue.
(his = his car)

himself (再帰代名詞)：
強調や、主語と目的語が同じ場合に目的語として使われます。
(例) He repaired the car (by) himself.
(彼は自分自身で車を修理した：強調)
(例) He said to himself, "Merry Christmas."
(彼は「メリークリスマス」と自分に言った：主語と目的語が同じ)

次のページの実戦テストで、コツをつかみましょう。

パート5　代名詞問題の実戦テスト

◀ 45

19. Mr. Pond has completed ------- report on the progress of the investigation into the cause of the defect.

　(A) he
　(B) his
　(C) him
　(D) himself

20. The new furniture was too heavy for Mr. Baker and Ms. Roberts to move by -------.

　(A) they
　(B) their
　(C) theirs
　(D) themselves

21. Today the city council will honor Mr. Kato for the many ways in which ------- has contributed to the community's recycling program.

　(A) he
　(B) his
　(C) him
　(D) himself

パート5　代名詞問題実戦テスト　解答・解説

19. 正解 (B)

空所の後ろにreportという名詞があるので、所有格を入れれば、「彼のレポート」となって文が完成する。

- □ **complete** 完成する　□ **progress** 進展
  □ **investigation** 調査　□ **cause** 原因　□ **defect** 欠陥

訳　ポンドさんは、不良の原因についての調査の進行状況についてのレポートをまとめた。

20. 正解 (D)

「自分自身で」という強調の意味を表す by oneself の形は覚えておこう。

- □ **furniture** 家具

訳　その新しい家具はベーカーさんとロバーツさんが自分たちで動かすには重すぎた。

21. 正解 (A)

空所の後ろに has contributed という動詞があるので、主語になる he を選ぶ。

- □ **city council** 市議会　□ **honor** 称える、表彰する
  □ **contribute to〜** 〜に貢献する

訳　今日、市議会は、地域のリサイクルプログラムへの多大な貢献により、加藤さんを表彰する予定だ。

ペア接続詞問題をモノにしよう

ほぼ毎回1問出題される both A and B、either A or B、neither A nor B 等、ペアを探すタイプの文法問題です。選択肢に both、either、nor 等の単語を見つけたら、ペアを探しましょう。このタイプの問題で出題される主なペアは以下の通りです。しっかり覚えてください。

both A and B	A も B も
either A or B	A か B のいずれか
neither A nor B	A も B も〜ない
not only A but (also) B	A だけでなく B も
not only A but B as well	A だけでなく B も

上のペアを覚えたら、次のページの実戦テストに進みましょう。このページは見ないで解いてください。

Short Break

2010年のある公開テストで、問題文中に or があり、選択肢に either があったものの、正解が over という「おきて破り」の問題が出題されました。「チャゲと言えば飛鳥」「or といえば either」とばかりに反射的に either を選んでしまった大半の受験者が間違ってしまったのです。今後もこうした問題が出題される可能性はありますが、そうなったとしてもこれは上級者向けの問題ですから、600点を目指している皆さんは、まずは上記の基本の組み合わせとその意味をしっかりと覚えるようにしてください。以上 TOEIC マニアックニュースでした。

パート5 ペア接続詞問題の実戦テスト

◀ 46

22. Both Mr. Takahashi ------- Ms. Asada are attending the international sales conference in Vancouver next week.

(A) and
(B) or
(C) nor
(D) either

23. The product development meeting will be held either in Room 402 ------- Room 501.

(A) or
(B) and
(C) not
(D) but

24. Tex Airways is seeking mechanics that are not only competent at repairs, ------- in preventive maintenance.

(A) due to
(B) in fact
(C) only if
(D) but also

パート5　ペア接続詞問題実戦テスト　解答・解説

22. 正解 (A)

冒頭に Both があるのでペアになる and を選ぶ。

□ **attend** 出席する　　□ **conference** 会議

訳　高橋さんと浅田さんの両方とも来週バンクーバーで行われる国際販売会議に出席する。

23. 正解 (A)

空所の前に either があることに着目し、ペアになる or を選ぶ。

□ **development** 開発　　□ **hold a meeting** 会議を開く

訳　製品開発会議は、402号室か501号室のどちらかで開かれる予定だ。

24. 正解 (D)

本文中に not only を見つけ、ペアになる but also を選ぶ。

□ **seek** 探し求める　　□ **mechanic** 整備士
□ **competent** 有能な　　□ **repair** 修理
□ **preventive** 予防の

訳　TEX 航空では、修理だけでなく、故障を予防する整備も行える整備士を募集している。

193

単語問題をモノにしよう

パート5の40問を大きく分けると、半分が「文法問題」、もう半分が「単語問題」で、その見分けが大切だという話をこのパートの最初にしました。この約20問の「単語問題」の中で、純粋な単語の意味を問う問題は、毎回おおよそ12〜14問です。40問中12〜14問ですから、結構多いですよね。

ところで、「たんご」と聞いて私の頭に真っ先に浮かぶのは、「黒猫のタンゴ タンゴ タンゴ 僕の恋人は黒い猫」という「黒猫のタンゴ」のメロディーです。1969年の大ヒット曲で、歌っていたのは当時6歳の皆川おさむ君でございました。ご興味のある方はYouTubeで「黒猫のタンゴ」で検索してみてください。あ、この話はTOEICのスコアアップとは例によって何の関係もない中年男のただの思い出話でございます。ということで何事もなかったかのように気を取り直して、この「単語問題」で問われるのは、「空所に入れると文の意味が通じるのはどの単語ですか」ということです。「文法ルール」ではなく「文の意味」で解くのがポイントです。以下の例題を見てください。

単語 1

◀ 47

Customers are requested to read the instruction manual ------- before using the Tex990 Computer.

(A) approximately
(B) carefully
(C) extremely
(D) harmlessly

まず選択肢を見ると、全部 -ly で終わっていますよね。ということは、この4つの選択肢は全部副詞です。ここで、「そんなの誰だって見りゃわかるわよ。何言ってんのよ。このハゲオヤジ。フン」などと鼻で笑ってはいけません。選択肢が全部副詞ということはですよ、どれも文法ルール上は空所に入れることができるということです。つまり、このタイプの問題は文法ルールでは解けない、ということです。以下は TOEIC のパート5を解く際の超重要ルールです。しっかり頭に入れてください。

選択肢の品詞が4つとも同じ場合、「文法」ではなく、「意味」を考える

> (注) 4つの選択肢が異なる動詞なのに、意味ではなく、「他動詞か自動詞か」という文法ルールを問うような問題もたまに出題されます (ひゃー)。ですが、それは上級者向けの問題ですし、出題されたとしても1〜2問です。600点を目指される皆さんは、まずは「4つとも同じ品詞だったら意味を考える」というスタンスで構いません。

　選択肢を眺めて、「これは単語問題だな」と判断したら、次に皆さんがすべきなのは、空所にそれぞれの選択肢をあてはめて意味を思い浮かべてみる、という作業です。ここでは、空所の前に、「read the instruction manual (取扱説明書を読む)」と書かれています。つまり、この空所に入る副詞は、「○○に→読む」と、read という動詞を修飾していることになります。皆さんはそれぞれの選択肢を入れながら、頭の中で、「○○に読む」とつぶやいてみてください。すると、(B) を入れれば、「丁寧に読む」となって意味が通じます。(A) は「約、およそ」、(C) は「極端に」、(D) は「無害に」という意味で、いずれもここでは「○○に読む」の○○に入れると、意味が通じません。

正解 (B)

- □ **be requested to do** 〜することを求められる、〜してください

訳 お客様は、Tex990コンピューターをご使用前に、取扱説明書を丁寧に読んでください。

TOEICの「単語問題」の中には上級者向けの問題もあります。ですから、600点を目指す皆さんにとって、選択肢の単語の意味がわからない問題が本番でも必ず出題されます。選択肢を眺めた瞬間、「なんじゃあこりゃあああ（松田優作風）」と心の中で悲鳴を上げる瞬間が間違いなく訪れます。では、そういう場合にどうすればいいのか、と申しますと、これはもう、「3秒でアキラメル」しかございません。ちょっと冷たい言い方になりますが、知らない単語の意味は、3秒考えても3分考えても3年考えてもわかりません。こういう問題は、単語力をUPさせて、いつかリベンジすればOKです。パート5の問題は、1問平均30秒弱で解かなければいけないので、悩んでいる時間はありません。その分の時間を、時間さえあれば解ける可能性の高いパート7に回しましょう。

TOEICの問題を作っているETSが公式に行ったある研究調査では、TOEICで出題される単語のレベルは、英検準1級よりも低く、おおよその目安ですが、「基本3000語＋ビジネス単語」をマスターすれば、出題される単語をほぼすべてカバーできるとされています。ですから、TOEICで600点を取るために、わざわざハイレベルの単語集を購入する必要はありません。この本では、スペースに限りがあり、TOEICに出題される基本単語をすべてカバーすることはできませんが、単語集で効率よく勉強したい方には、基本単語がよくまとまった次の単語集がお勧めです。

■『新 TOEIC®TEST 出る順で学ぶボキャブラリー990』
（神崎正哉著　講談社）

こうした単語集と、

■『1駅1題 新 TOEIC®TEST 単語特急』
（森田鉄也著　朝日新聞出版）

のような問題集を併用して、600点レベルの単語力を身につけましょう。

次ページからは、単語問題の実戦テストに挑戦です。

SHORT BREAK

　この本の最終校正作業を行っている私のPCに、つい先ほど、ある生徒からメールが届きました。私が指導している学校の1つである明海大学一年生のSさんです。彼女は、中学高校と英語が苦手で、大学生になって初めて受験した5月のTOEICのスコアは320点でした。そこから彼女は、進級条件であるTOEIC 500点をクリアすべく、思うように伸びないスコアに時は涙しつつも、毎日約3時間の音読を中心とした勉強を地道に積み重ね、1月のIPテストで640点を取ったのです。「TEXやったよー (*^ ○ ^*)」で締めくくられた彼女のメッセージを見て、「英語がどんなに苦手でも、努力次第でTOEIC 600点は取れる」ということを改めて確信しました。

パート5　単語問題の実戦テスト

◀ 48

25. Those wishing to ------- in the upcoming seminar should turn in the attached application form by the end of the week.

(A) finish
(B) accomplish
(C) submit
(D) participate

26. The annual shareholders' meeting will be ------- in the Grand Ballroom of the TEX Continental Hotel.

(A) carried
(B) remained
(C) sent
(D) held

27. ------- of the rent for the property in Tex Tower is due on the last day of the month for all tenants.

(A) Payment
(B) Building
(C) Renovation
(D) Location

28. When placing an order during holiday seasons, please note that delivery will take ------- five to seven days.

   (A) immediately
   (B) quickly
   (C) approximately
   (D) urgently

29. The ------- cleaning of the building is conducted by the maintenance company on the third Sunday of each month.

   (A) absent
   (B) routine
   (C) eventual
   (D) probable

パート5　単語問題実戦テスト　解答・解説

25. 正解 (D)

空所の後ろのinと結びついて、「～に参加する」という意味になる (D)participate が正解。participate in～で「～に参加する」は重要表現。文頭の Those は People の意味で使われることがあるので覚えておこう。(A) は「終わる」、(B) は「達成する」、(C) は「提出する」の意味。

- □ **those** = people　□ **wish to do** ～したい
- □ **upcoming** 今度の　□ **turn in** 提出する
- □ **attached** 添付された　□ **application form** 応募用紙

訳　今度のセミナーに参加したい方は、添付された応募用紙を週末までに提出してください。

26. 正解 (D)

主語の meeting と結びつき、「会議を開催する」という意味になる (D)held が正解。hold a meeting で「会議を開催する」という表現は覚えておこう（ここでは会議が主語なので、「開催される」と受け身になっているのに注意）。(A) は「運ぶ」、(B) は「～のままである」、(C) は「送る」の意味。

- □ **annual** 毎年恒例の、年一回の　□ **shareholder** 株主

訳　年次株主総会は、TEX コンチネンタルホテルの大宴会場で開催される予定です。

27. 正解 (A)

空所の後ろの「rent（家賃）」と結びつくことができるのは (A) の Payment（支払い）のみ。問題文の due は「締め切りの、支払期限の」という意味の重要語。(B) は「建物」、(C) は「改装」、(D) は「位置」という意味。

200　Part 5　短文穴埋め問題

- □ **rent** 家賃　　□ **property** 物件、不動産
- □ **due** 支払期限の　　□ **tenant** テナント、借り手

訳 TEXタワーの物件の家賃の支払い期限は、どのテナントも月の最終日です。

28. 正解 (C)

例題に登場した「約、およそ」の意味の(C) approximatelyが正解。この単語は、試験形式の説明でも、「リスニングセクションは全部で approximately 45 minutes（約45分間）です」という形で使われている。(A)は「すぐに」、(B)は「すばやく」、(D)は「緊急に」の意味。問題文中で、When placing～と主語が省略されているが、ここでは When you place an order～の意味。このように When の後の主語が明らかな場合は省略され、「When -ing」の形になる場合もあると覚えておこう。

- □ **place an order** 注文する
- □ **Please note that～** ～にご注意ください
- □ **delivery** 配送、配達

訳 ホリデーシーズンにご注文される場合は、配送におよそ5～7日かかることにご注意ください。

29. 正解 (B)

空所の後ろの「掃除」と結びつき、「定期的に行われる掃除」という意味になる(B) routine が正解。「ルーティーン」と発音され、「決められた通りの、日常的な」の意味。「ルーチンワーク」といったカタカナ語にもなっている。(A)は「不在の」、(C)は「最終的な」、(D)は「起こりそうな」の意味。

- □ **conduct** 行う　　□ **maintenance** 維持管理、メンテナンス

訳 ビルの定期清掃は、毎月第3日曜日にメンテナンス会社によって行われます。

この本では、600点を取るために必要な文法事項をざっと見てきました。次のステップとして、文法の基礎をさらに固めたいな、と思われた方や、もっと問題をたくさん解いて知識を定着させたいな、と思われた方には以下の参考書がお勧めです。ぜひ書店で手に取ってみて、気に入ったものがあればご一読ください。

英文法の基礎を学ぶためのお勧め本

- 『スーパーステップ くもんの中学英文法 中学1〜3年』
  (くもん出版)

- 『大岩のいちばんはじめの英文法』
  (大岩秀樹著　東進ブックス)

- 『中学3年間の英語を10時間で復習する本』
  (稲田一著　中経出版)

TOEIC の文法問題のお勧め演習書

- 『1駅1題　新 TOEIC® TEST 文法特急』
  (花田徹也著　朝日新聞出版)

- 『新 TOEIC® TEST 文法特急2　急所アタック編』
  (花田徹也著　朝日新聞出版)

- 『極めろ！ リーディング解答力 TOEIC® TEST Part 5 & 6』
  (イ・イクフン著　スリーエーネットワーク)

効率勝負!

Part 6

長文穴埋め問題

本番では 12 問出題されます。

粘りすぎない!

パート6ってどんな試験？

　パート6は、TOEICのすべてのパートの中で最も影が薄く、「ドラえもん」でいえば「出木杉くん」、「ちびまる子ちゃん」でいえば「野口さん」、花にたとえれば「人目につかないところでひっそりと咲く月見草や（ノムさん風）」といった印象です。教室でも、「私はパート6が一番好き」という生徒は、「私は江頭2：50が理想のタイプ」というぐらい見たことがありません。

　このようにパート6の人気がない最大の理由は、その個性の薄い問題形式にあります。このパートでは、100ワードほどの長さの手紙やメール、お知らせといった文書の中に空所が3カ所あって、そこを埋めるのですが、「ぶっちゃけ、パート5が単にちょっと長くなっただけ」なんです（TOEICの中の人すみません）。まあもちろん、わざわざ別パートにしているわけですから、パート5とまったく同じというわけではなく、12問のうちの4～5問は、前後の文も読んで解くタイプの問題が出題されます。たとえば、Tex Kato ------- visit New York on April 1. となっていて、選択肢に visited と will visit があったら、この文を読んだだけではどっちが入るかわかりません。前後の文や文書の日付をチェックして、4月1日が過去のことなら visited、未来のことなら will visit を正解として選びます。とはいえ、半分以上の問題がパート5と同じなわけですから、このパートの基本的な解き方は、パート5と同じで構いません。

パート6のポイント

　600点を目指す皆さんにとって、このパートで最も大切な戦略は、「粘りすぎない」ということです。パート6は、「半分正解できればオッケー♪」ぐらいの軽い感覚でさわやかに解きましょう。「全問正解したるでー　やったるでー　いてもうたるでー」と、鼻息で問題用紙がめくれてしまうような勢いでパート6に臨んでしまうと、確実に「はまって」しまいます。

　このパートは、1つ1つの文書が、頑張れば読めそうなぐらいの微妙な長さなので、無理に全部解きに行ってしまうと、「あ、気がついたら残り40分だ。どうしよう。またパート7が最後まで終わらないよ。もー。このクソパートシックスゥゥゥー」と思わずお下品な言葉が頭をよぎり、その場で問題用紙をビリビリに破りたくなるような事態になってしまうのです。賢明な読者の皆さんは、このパートでの解答時間を、1文書最大2分（4文書合計最大6〜8分）にして、わからない問題があっても、さわやかな笑顔でさらっと水に流し、時間をかければ解ける確率の高いパート7にそそくさと進みましょう。

パート6の鉄則

時間をかけすぎない。

目標解答時間：6〜8分

（1つの文書あたり1.5分〜2分×4文書）

　とここまで書いても、つい粘ってしまうのが人間というものです。「わかっちゃいるけど、捨てられない」わけです。その気持ちは、幼いころから「もったいない」「あきらめない」文化

で育ってきた純日本人の私にも痛いほどわかります。そこで、そんな「捨てられない」あなたにお勧めなのが、以下の「断捨離」解答法です。

600点を目指すためのパート6「断捨離」解答法

① まず空所の前後、必要なら空所の入った1文をチェックする
② 答えを即「断」する
③ 解けなければいさぎよく「捨」て、次の問題に移る
④ 試験の残り時間が50分になったら、パート6を「離」れ、パート7に移動する

　授業で③を黒板に書くと笑いが出たりもするのですが、このパートで必要なのは「あきらめる勇気」、今はやりの言葉を使えば、「断捨離」です。「え、でもこれだと前後の文を読んで解くタイプの問題が解けないよ」と思われますよね。確かにそうなのですが、そういうタイプの問題は半分以下しかないわけですし、そもそも難しいわけです。また、私の受験経験から、空所の入った文をしっかりと読んで理解することができれば、前後の文を読んで解くタイプの問題も、「多分これだな」と、意外と答えがわかるものです。試験中は、「パート6は断捨離」と自分に言い聞かせましょう。

　念のため、誤解のないように書いておきますが、余裕があればもちろん前後の文を読んだ方が正答率は上がりますし、最終的な目標としては、パート6を全文しっかりと読んで6〜8分で解くことを目指してください。あくまでここでご紹介しているのは、600点を取るために本番で必要な戦略です。

最後の④はとても重要です。公開テストの場合、**14時10分（試験時間残り50分）になったらパート7に進む**、というのが最も大切な時間管理のチェックポイントです。そうしないと確実にパート7が最後まで終わらなくなります。

では、練習問題を解いてみましょう。

練習問題 1

🔊 49

Questions 1–3 refer to the following advertisement.

Maxwell Storage offers the most modern, well-kept storage facilities in the Richmond area at very ------- prices.

1. (A) valuable
 (B) advisable
 (C) capable
 (D) affordable

We rent spaces large and small, from closet-sized units to ones that can hold the contents of a five-bedroom house. We offer indoor and outdoor units—some with climate control—that are accessible 365 days a year.

There is only one key to each unit and it remains in the renter's ------- from the time they move in.

   2. (A) possess
    (B) possessive
    (C) possession
    (D) possessively

Rental on all of our self-storage is paid month-to-month, and you can change your storage space and location without penalty.

So come on down, and talk to one of our helpful property managers about how we can best serve ------- storage needs.

3. (A) its
(B) our
(C) your
(D) their

解答・解説

1. 正解 (D)

　選択肢がすべて -ble で終わる形容詞なので、意味で解く単語問題。空所の前の very、後の prices の間に入れて、「とても〜な価格」として意味が通じるのは (D)「手ごろな」のみ。(A) は「貴重な」、(B) は「賢明な」、(C) は「能力がある」の意味。単語問題は選択肢の単語の意味がわからないと解けないので、時間をかけすぎないのがポイント。絞れるところまで絞ったら思い切ってマークして次に進もう。

2. 正解 (C)

　1. と 2. の間の文を読むと時間がなくなってしまうので、1. を解いたらすぐに 2. に移る。これは選択肢を見ると、パート 5 で練習した「品詞問題」なので、空所の前後をチェック。すると、空所の前に renter's とある。この -'s は Tex's book

(TEXの本)のように、後ろには持ち物を示す名詞が置かれるので、選択肢の中から -sion で終わる名詞の (C)「所有物」を正解として選ぶ。(A) は「所有する」という動詞、(B) は「所有の」という形容詞、(D) は「所有して」という副詞。ここは秒速で解いて次に進もう。

3. 正解 (C)

空所の入った一文を読むと、読んでいる人に自分の会社のサービスを利用するよう訴えかけている内容なので、「広告をご覧のあなたの保管ニーズに弊社がお応えします」という意味になる (C) が正解。文書全体を読んでいれば、この広告文が、保管スペースのレンタル会社の宣伝であることがわかり、より確実に正解できるが、この一文を読むだけでも、(C) が正解だと見当をつけたいところ。

- □ **offer** 提供する
- □ **modern** 現代的な、最新の
- □ **well-kept** 手入れの行き届いた
- □ **storage facility** 保管施設   □ **rent** 貸す
- □ **closet-sized** 物置サイズの   □ **ones** = units
- □ **hold** 保持する   □ **content** 中味
- □ **climate control** 温度調節機能
- □ **accessible** 利用できる
- □ **remain** 依然として〜のままである   □ **renter** 借り手
- □ **possession** 所有物   □ **move in** 中に入る
- □ **self-storage** 小さな倉庫
- □ **month-to-month** 月極めの
- □ **location** 場所   □ **without** 〜なしに
- □ **come on down** お越しください
- □ **helpful** 有能な
- □ **property manager** 資産管理者
- □ **serve someone's needs** 〜のニーズに応える

訳

問題1〜3は以下の広告に関するものです。

マクスウェル・ストレージ社は、リッチモンド地域で最も近代的で手入れの行き届いた保管施設を、非常に手ごろな値段でご提供します。

弊社では、物置サイズのユニットから、5つの寝室のある家の中身を保管できるユニットまで、大小さまざまなスペースをお貸ししています。また、温度調整機能のついたものを含む屋内屋外両方のユニットをご提供し、年中無休でご利用いただけます。

1ユニットにカギは1つだけで、ユニットをご利用になった時点から、借り手の所有物となります。弊社の倉庫のレンタルはすべて月額制で、追加料金なしに保管スペースや場所の変更が可能です。

ぜひお越しいただいて、あなたの保管ニーズに弊社がいかにすぐれてお応えできるかについて、弊社の有能な資産管理担当者にご相談ください。

　いかがでしたか。このパートは「半分できればオッケー」ですから、うまくできなかった人も気をとり直して、次の実戦テストに集中しましょう。

パート6　実戦テスト

Questions 1–3 refer to the following e-mail.　◀ 50

To: Mr. Shinsuke Kuyama <kuyama@moried.co.jp>
From: Grand River Tour Co. <bookings@grtc.com>
Date: June 16
Subject: Notification of change

Dear Mr. Kuyama,

Thank you for ------- your river cruise holiday with

    1. (A) opening
       (B) booking
       (C) resting
       (D) inviting

Grand River Tour Co. We regret to inform you that we have been forced to change one aspect of the tour as a result of recent rainfall, which affected the quality of one of the attractions we were to visit on our journey down the river.

We apologize that we will no longer be stopping at the Redshank Firefly Caves. Instead we are offering a night tour of the Crispin Safari Park. This is a fascinating and exciting alternative that is sure to be one of the most ------- parts of the tour.

    2. (A) memory
       (B) memorize
       (C) memorable
       (D) memorably

We feel sorry that we are unable to provide the tour we promised in our brochure. -------, we are willing

3. (A) Accordingly
(B) Otherwise
(C) Nevertheless
(D) Conversely

to refund your money if you wish to make a cancellation citing this change as the reason.

We ask that you inform us of your cancellation, as tickets for the tour are sold out and other people may wish to join.

Sincerely,

Mickey Johnson — Grand River Tour Co.

パート6 実戦テスト　解答・解説

1. 正解 (B)

　スペルがバラバラの単語が並んでいるので、意味が通じるものを選ぶ単語問題だと判断。空所に入れて、「グランドリバーツアー社の川の遊覧休日プランをご予約いただきありがとうございます」という意味になる (B) が正解。book は名詞の「本」以外に、動詞で「予約する」の意味があることを覚えておこう。(A) は「開ける」、(C) は「休ませる」、(D) は「招待する」の意味で、いずれもここでは「川の遊覧休日プランを ---------- する」の空所に入れると意味が通じない。

2. 正解 (C)

　1. を解いたら、2. との間の文は読み飛ばしてすぐに 2. の設問に移動する。選択肢を見るとこれは品詞問題だとわかるので、空所の前後をすばやくチェック。空所の前に the most (最も)、空所の後ろに名詞の parts (部分) があるので、空所には、「最も~な部分」と、名詞を修飾する形容詞が入ると判断。選択肢の中から、-ble で終わっている (C) を選ぶ。memorable は「思い出に残るような」の意味。(A) は「記憶」という名詞、(B) は「記憶する」という動詞、(D) は「印象的に」という副詞。

3. 正解 (A)

　空所に入れると前後の文の意味がうまくつながる副詞を選ぶタイプの問題で、毎回1~2問出題される。比較的難しいタイプの問題なので、時間の余裕があれば前後の文を軽くチェックし、ちょっと考えてみてわからなければすぐに次の問

213

題に移ろう。ここでは、前の文で、パンフレットに掲載されていたのと同じ内容のツアーを提供できないことへのおわびの気持ちが示され、後ろの文では、キャンセルしたい方には返金します、とその対応策が示されているので、「申し訳なく思っています→したがって→返金対応させていただきます」という流れで意味が通じる(A)「したがって」が正解。(B)は「さもなければ」、(C)は「にもかかわらず」、(D)は「逆に」の意味でいずれもここでは文脈がうまくつながらない。本番で以下のような副詞が選択肢に入っていたらこのタイプの問題だということを覚えておこう。

パート6に登場する主な副詞

(1) 反対のことを述べる
    however (しかしながら)、nevertheless (にもかかわらず)

(2) 情報をつけ加える
    furthermore (さらに)、moreover (さらに)、
    additionally (加えて)

(3) 原因や結果を示す
    therefore (それゆえ)、consequently (その結果)、
    accordingly (したがって)

□ **notification** お知らせ
□ **river cruise holiday** 川の遊覧休日プラン
□ **regret to inform you that〜** 残念ながら〜をお知らせします
□ **be forced to do** 〜せざるをえない   □ **aspect** 面、一部
□ **as a result of〜** 〜の結果   □ **recent** 最近の
□ **rainfall** 降雨   □ **affect** 影響を与える   □ **quality** 質
□ **attraction** アトラクション、呼び物
□ **we were to visit** 我々が訪れる予定だった
□ **journey** 旅行   □ **apologize** 謝る

- □ **no longer** もはや〜ない　　□ **instead** 代わりに
- □ **offer** 提供する　　□ **fascinating** 魅力的な
- □ **alternative** 代わりのもの、代替案
- □ **be sure to be〜** 間違いなく〜になる
- □ **be unable to do** 〜できない　　□ **provide** 提供する
- □ **promise** 約束する　　□ **brochure** パンフレット
- □ **be willing to do** 〜する意思がある　　□ **refund** 返金する
- □ **cancellation** キャンセル
- □ **cite** 引用する、引き合いに出す
- □ 〈**inform** + 人 + **of**〜〉 人に〜を知らせる
- □ **sold out** 売り切れる

訳

問題1〜3は以下のメールに関するものです。

宛先：シンスケ・クヤマ
差出人：グランドリバーツアー社
日付：6月16日
件名：変更のお知らせ

クヤマ様

グランドリバーツアー社の川の遊覧休日プランをご予約いただき、ありがとうございます。残念なお知らせなのですが、ツアーの内容の一部を変更せざるをえなくなりました。これは、最近の雨によって、川の遊覧の際に訪れる予定だったアトラクションの1つに影響が出たためです。

レッドシャンクの蛍の洞窟へは立ち寄ることができなくなりましたことをおわび申し上げます。その代わりに、クリスピンサファリパークへの夜間のツアーをご提供させていただきます。これは魅力的でスリルのある代替プランで、きっとツアーで最も思い出に残るものの1つになることでしょう。

パンフレットでお約束していたツアーをご提供できなくなり申し訳なく思っておりますので、もし、この変更が理由でツアーをキャンセルし

たいとご要望されるようでしたら、返金対応させていただきます。

ツアーのチケットは売り切れで、ほかに参加したい方がいらっしゃるかもしれませんので、キャンセルをご要望の場合は弊社にお知らせください。

敬具

ミッキー・ジョンソン──グランドリバーツアー社

時間管理が大切！

Part 7

読解問題

本番では 48 問出題されます。

リーディングパートの得点源！

パート7ってどんな試験？

さて、いよいよ最後の難関、パート7がやってまいりました。このパートは、皆さんにもなじみが海より深い「長文読解」問題です。この言葉を聞くと、高校時代の嫌な思い出が色鮮やかによみがえる方もきっと多いことでしょう。実際教室でも、パート7の授業になると、ほとんどの生徒は問題を見た瞬間、「うわー長文じゃん。無理無理無理無理（以下約20回リピート）」と拒絶反応を起こすか、「読む気しなーい」とあきらめモードに入るか、「そもそも"長文読解"って言葉自体がやなんだよね」と意味不明の言葉をつぶやくか、「うわっ。英語がいっぱいだ」と驚きを目に浮かべつつ黙り込んでしまうか、のいずれかの反応を示します。600点目標のレベルで、「やった。長文だ。私得意なんだよね。ウフ」などと笑顔になる生徒は、まあ都会で公衆電話を見かけるぐらいの低確率です。

ところがです。模擬試験の結果や、実際にTOEICを受けて戻ってきたスコアシートを見せてもらうと、そうした生徒の圧倒的多くは、パート5・6よりパート7の方が、正答率が高いのです。ゲーム感覚で一見楽しそうに解いているパート5が、目も当てられない壊滅的打撃（正答率40％以下）を受けているのに対し、パート7の被害は軽微（正答率40〜50％）というケースが多いのです。特に、400〜500点台レベルの生徒にはこの傾向が顕著です（200〜300点台の場合は残念ながら両方ともほぼ壊滅状態です）。

私の教室での経験則から申し上げますと、**600点を目指す場合、まずはリスニングで350点を目指し、リーディングセクションで優先すべきなのはパート7です**。TOEICのリスニ

ングセクションのスコアが300点レベルになってくると、「英語の回路」が頭の中にでき始めます。聞いていて「なんとなくわかる」ようになるわけです。そういう状態でパート7の英文を読むと、同じ英語ですから、こちらも「なんとなくわかる」ようになります。ところが、文法知識や語彙力が問われるパート5・6は「なんとなく」では解けないので、点数を伸ばすのは意外と難しいのです。600点を目標にされている皆さんは、「パート7は点数が取れる」という意識をまずは持つようにしてください。

パート7の問題形式

パート7で出題されるのは、社内メールや求人広告、お客様からの手紙、セミナーの案内、新聞記事等、皆さんがもし英語圏で仕事をしていたとしたら、普段の生活の中で目にするようなビジネス文書のみです。「TEX加藤と賢者の石」といった小説や、「エジプトの政権交代劇」「ウーパールーパーの生態」といった政治や学問に関する内容の文書は出題されません。

このパートの問題には、以下の2種類があります。

1つの文書を読んで解くタイプの問題（合計28問）
2つの文書を読んで解くタイプの問題（合計20問）

1つの文書を読んで解くタイプの問題は、短いもの（100ワード程度）から長いもの（300ワード程度）まで全部で9文書出題されます。それぞれの文書で出題される問題数は、2問×3文書、3問×3文書、4問×2文書、5問×1文書です。上

下2つの文書を読んで解くタイプの問題は、全部で4セット出題されます。問題数は1セットにつき5問です。基本的には、後ろの方に行くにしたがって文が長くなり、内容も難しくなります。

リーディングパートの時間配分

パート7というより、リーディングパート全体で皆さんが絶対に意識しなければいけないのが「時間配分」です。

TOEICのテスト本番では、試験官の方が、「リラックスして、時間を気にせず自分のペースで解いてくださいね。終電までは解いてて大丈夫ですよ」などといった優しい言葉をかけてくれることはありません。15時になると容赦なく、「シューリョー（なぜかこう聞こえる）時刻になりました。筆記用具を置いて、問題用紙を閉じてください」と、全然感情の込もっていない（込められても困るけど）機械的な声で告げられるのです。その声を無視して解答を続けていると、解答用紙を没収されて採点してもらえなくなります。

ということで、皆さんは、リーディングセクションの100問を、75分の制限時間内に解答し終えなければいけないのですが、これは相当大変なことです。本番のテストで、時間を気にせずマイペースで解いていたら、間違いなく20〜30問を残して時間切れになります。「おわっ。気づいたらあと3分じゃん。まだ残り30問もあるのに」といった状況に追い込まれ、最後の方の問題がすべて、TOEICの業界用語でいう「塗り絵（全部勘でマークすること）」になってしまうのです。「先生、この間のTOEIC、長文3つ解いたら時間切れになってびっくりしちゃった（先生もそれを聞いてびっくりです）」とい

った声を生徒から聞かされることもしばしばあります。冒頭で申し上げたとおり、600点を目指すレベルでは、一般的にパート7が最も得点源になります。それなのに、そのパート7の半分以上が塗り絵、という状態では、600点が「さよーならー」とバックミラーの向こうに手を振りつつ小さく遠ざかってしまうのです。

　パート7でなるべく「塗り絵」を避けるためには、「時間管理」のスキルが必要です。たとえば、待ち合わせの時間に絶対遅刻しない人は、何時の電車に乗れば何時ごろ目的地に着くかを事前に把握し、余裕を持って家を出ていますよね。TOEICでもそれと同じで、どのパートにどれぐらい時間をかければよいのかを事前に確認し、試験本番でも、事前に立てた予定にしたがって解き進めることがとても大切です。待ち合わせの際、いつも適当な時間に家を出て、「あ、ごめーん。10分遅れる」と友達にメールするタイプの人は特に注意してください。
　TOEICのリーディングパートを解く際は、以下の時間管理を目安にしましょう。

TOEICリーディングパートの基本的な時間配分
　　・パート5　20分（1問平均30秒）
　　・パート6　6分（1問平均30秒）
　　・パート7　48分（1問平均1分）

　これだと合計で74分ですから、ぎりぎり終わる計算です。ポイントは、「パート7にできれば50分以上時間を残す」ことです。そうしないと、確実に「大塗り絵大会」が開催されてしまいます。ということは、皆さんは、パート5・6を25分以内

で終わらせなければいけません。これを、TOEIC公開テストの進行スケジュールにあてはめると、

14時10分（リーディングパート開始後25分経過）

がパート6の終了予定時刻です。本番でこの時間になったら、パート6の問題が少し残っていても、勘マークにして、時間をかければ点数が取れる可能性の高いパート7に進みましょう。「**14時10分になったらパート7**」と頭に入れてください（IPテストの場合、リスニング開始から70分後がパート7突入の時刻です）。

SHORT BREAK

「パート5・6は1問30秒、パート7は1問1分で解く」という時間感覚を身につけるには、普段から時間を測って練習問題を解き、解答のペースをつかんでおく必要があります。75分測って100問を一気に解くのが理想ですが、まとまった時間が取れない場合は、「パート5・6は1問30秒」「パート7は1問1分」計算で、あらかじめ制限時間を決めてから問題を解くようにしましょう。その際、キッチンタイマーがあると便利です。ちなみに私が愛用しているのは「TANITA デジタルタイマー100分計 ブラック TD-379-BK」（定価￥1,575）です。

パート7の勉強法

　このパートのスコアアップのためには、細かい試験テクニックではなく、「英語の回路」を頭の中に作ることが大切です。そのためにはまず、リスニングセクションのパート3・4の多聴と多読から始めましょう。「え、パート7の勉強なのになんでリスニングやるの？」と思われるかもしれませんが、まとまった英文を理解するという点では、パート3・4もパート7も同じです。パート7の文書は内容が難しくて長めなので、ここから勉強を始めようとするとかなりの高確率で挫折します。その点、パート3・4は、パート7と比較して内容がやさしめで短いので、英語感覚を身につけるためのスタートの素材として取り組みやすいのです。特に、一人の人が話すパート4は、「プチパート7」として、英語回路養成の準備段階には最適な素材といえます。皆さんはまず、パート4の内容を理解して、スラスラと音読できるよう繰り返し練習をしてください。

　その上で、リスニングセクションが300点以上安定して取れる（パート3・4で3問中2問以上正解できる）レベルになったら、今度は、パート7の中から読みやすそうな文書を選び、同じように「多聴＋音読」を繰り返してください。これが600点に到達するには最も近道です。「えーもっとてっとり早くパート7の点数上げる方法ないのー」と全国数百万人（誇張）の読者から文句が出そうですが、特に最近の公開テストのパート7では小手先のテクニックが通用しない問題が大半ですので、地道な努力で力をつけるのがベストです。「TOEIC神社」にお百度参りでもするつもりで、嫌になるくらい何度も何度も音声を聞いて声に出して読んでください。きっと600点が近づいてきます。

パート7の戦略

とはいえ、本番の試験ではパート7を避けるわけにはいかないので、皆さんに意識していただきたいポイントを3つだけお伝えします。

❶ 気分は「杉下右京」で読む

当たり前の話ですが、TOEIC は作られた試験なので、問題作成者は、問題を解くためのヒントを必ず本文のどこかに散りばめています。どこにも正解のヒントがない、ということはありません。正解を選ぶためのキーワードが必ず本文のどこかにあり、それをいかに早く正確に探せるかがスコアアップのカギになるのです。そういう意味では、パート7は「謎解き」です。ぜひ、探偵や刑事になったつもりで事件解決に挑んでください。一昔前なら「シャーロックホームズ」や「刑事コロンボ」、今なら「名探偵コナン」や「相棒」のような名刑事・名探偵を目指しましょう。私の場合は、「相棒」で俳優の水谷豊さん演じる刑事・杉下右京になったつもりで、問題を読みながら、「フフ、そういうことですか。事件の全貌が見えてきましたよ」などと心の中でつぶやきつつ問題を解いています。相当つまらない TOEIC のパート7の文書も、「謎解きゲーム」だと思えば、多少は読むのが楽しくなりますよ。

❷ まずはスライムから倒す

TOEIC では、簡単な問題も難しい問題も配点は同じですから、難しい問題に時間を使いすぎないようにしましょう。そうした強敵は倒すのに時間がかかる上に、負ける可能性大です。「難しいな」と思う文書や問題に遭遇したら、勘でマー

クしても構いません。先に解きやすそうな文書や問題から手をつけましょう。「ドラクエ」でいえばまずは一番弱い「スライム」から倒すのが鉄則です。「スライム」を先に全部倒して時間が余ったら、次なる敵と戦いましょう。「あの、全然スライムが見当たらないんですけど」という方は、英語の回路作りから地道に始めてください。

❸ 木を見ずに森を見る

　パート7の問題を解く際、最初に意識するべきなのは、「文書の全体像をとらえる」ということです。TOEICで出題されるすべての文書には「書き手」と「読み手」がいて、それぞれの文書に「目的」があります。たとえば、「お店（書き手）からお客様（読み手）に対してのセールの案内（目的）」といった形です。この「文書の全体像」さえつかむことができれば、1つの文書で全滅することはまずなくなります。設問ばかりに気を取られて「木を見て森を見ず」にならないよう、パート7の問題を解く際は、まずは、「誰が・誰に・何のために」書いた文書なのかを意識するようにしましょう。

　次のページからは練習問題です。TOEIC本番よりやさしめの「基本問題」で肩慣らしをした後、本番と同じレベルの「実戦問題」に取り組んでいただきます。1問1分で計算した制限時間がそれぞれの文書に書かれていますから、時間を測って、制限時間内で解いてみましょう。

Questions 1–3 refer to the following schedule.

Tour Schedule for the Chevron Canal Tour

	WEEKDAYS	WEEKENDS
Morning Two Hour Scenic Tour	Not Available	Departs at 10 A.M. Finishes at 12 noon
Afternoon Two Hour Scenic Tour	Departs at 2 P.M. Finishes at 4 P.M.	Departs at 2 P.M. Finishes at 4 P.M.
Evening Scenic Tour	Available for charter only	Departs at 6 P.M. Finishes at 8 P.M. (Meals are included)

1. What information does the schedule give?

(A) The start time
(B) The tour cost
(C) The meeting place
(D) The guide's name

2. What does the schedule say about weekday morning tours?

(A) They are unavailable.
(B) They are very popular.
(C) They require bookings.
(D) They depart at 10 A.M.

3. What tour is NOT scheduled regularly?

   (A) The weekday afternoon tour
   (B) The weekend morning tour
   (C) The weekday evening tour
   (D) The weekend evening tour

問題1～3は次のスケジュール表に関するものです。

シェブロンカナルツアーのスケジュール表

	平　日	土　日
朝の2時間観光	ご提供して おりません	午前10時出発 正午終了
午後の2時間観光	午後2時出発 午後4時終了	午後2時出発 午後4時終了
夜の観光	貸切りのみ ご利用可能	午後6時出発 午後8時終了 （食事を含む）

1. スケジュール表にはどんな情報が掲載されていますか。
   (A) スタート時間
   (B) ツアーの価格
   (C) 集合場所
   (D) ガイドの名前

2. スケジュール表には、平日の朝のツアーについて何と書かれていますか。
   (A) 提供されていない。
   (B) とても人気がある。
   (C) 予約が必要だ。
   (D) 午前10時に出発する。

3. 定期的に行われていないツアーはどれですか。
   (A) 平日の午後のツアー
   (B) 土日の朝のツアー
   (C) 平日の夜のツアー
   (D) 土日の夜のツアー

本文
- □ **scenic tour** 観光旅行　□ **available** 利用できる、手に入る
- □ **weekday** 平日　□ **weekend** 土日、週末
- □ **depart** 出発する　□ **charter** 貸切り、チャーター
- □ **meal** 食事　□ **include** 含む

設問・選択肢
- □ **meeting place** 待ち合わせ場所　□ **booking** 予約
- □ **regularly** 定期的に

解答・解説

1. 正解 (A)

選択肢を1つ1つ表と照らし合わせて解く問題。表の中に、Departs at 10 A.M.（10時出発）といった出発時刻が書かれているので、掲載されているのは The start time（スタート時間）。この問題では、選択肢の The start time が、本文では departs at〜（〜時に出発）と言い換えられているが、本番のパート7でも、本文をチェックする際は、「同じような意味の言い換え表現」を意識するようにしよう。

2. 正解 (A)

パート7の問題を解く際は、「問題文を読むよりも丁寧に設問や選択肢を読む」のがポイント。そうしないと問題を読み間違ってしまい、「もったいないミス」につながってしまう。ここでも丁寧に設問文を読み、問われているのが「平日の朝」だと確認をして、その部分をチェックしよう。すると、「Not Available」と書かれているので、このツアーは提供されていないことがわかる。もし、TOEIC 本番で、「(A)が絶対正解だ」と自信があったら、ほかの選択肢を読む必要はない。すぐ

に次の問題に移ろう。「(A) で時間を節約する」はパート7の時間管理のスキルの1つ。

3. 正解 (C)

設問文に大きく NOT と書かれている問題もパート7の定番で、毎回数題出題される。このタイプの問題は、選択肢の内容を1つ1つ丁寧に本文と照らし合わせて解くのが基本。ここでは、「定期的に開催されていないツアー」を選ばなければならない。(A) は「平日午後2～4時」、(B) は「土日午前10～正午」、(D) は「土日午後6～8時」に定期的に開催されているので、貸切りがあった場合のみ開催される、と書かれている平日の夜のツアーが正解。

こうした表タイプの問題の場合、最初に細かく表を読んでいる時間はありません。見出しやサブタイトル、大きな文字や太字で書かれた部分をチェックして、「誰が誰に対して何のために作った表なのか」がざっとつかめたら、すぐに設問に移るのが解き方の基本です。たとえばこの問題なら、「ツアー会社からお客様に向けたツアーのスケジュール表」だと理解したら、細かい個別のスケジュールは読まずにすぐに問題に移りましょう。

「600点達成体験記」を書こう

　TOEICで600点を取るために、今日皆さんにぜひやっていただきたいことがあります。それは、「600点達成体験記」を、達成前の今日この時点で書くという作業です。私は普段、600点目標の学生も指導していますが、春先の最初の授業で、「TOEICで600点を取った自分」といったタイトルで作文を書いてもらっています。ポイントは、できるだけ具体的に書くことです。

　「私は9月のTOEICで615点を取ることができました。3月に500点を超えてから、ずっと500点台前半で足踏みしていましたが、これでフライトアテンダントになるという夢に向けて一歩前進です。苦手だった英語で結果を出せたことは自分にとっても大きな自信になりました。今日はこれから家族と夕食会です。一晩喜びをかみしめたら、明日からは就職に向けて英語の勉強にさらに力を入れたいと思います」といった形です。

　一見あまり意味のないことに思えるかもしれませんが、こうした具体的な成功イメージがはっきり描けている生徒ほど、短期間で目標スコアを達成します。皆さんもぜひ、ご自身の「ゴール」をできる限り明確に設定し、それを達成した自分をリアルにイメージしながら、「600点達成体験記」を書いてみてください。きっと今やるべきことが明確になり、モチベーションも高まるはずです。

基本問題 2

制限時間 3分

Questions 4–6 refer to the following notice.

> Next week David Townsend, the award-winning author of several novels will be in the store as part of his book signing tour.
>
> The book signing will start at 1 P.M. and finish at 3 P.M. After the signing, Mr. Townsend will be available for a question and answer session until 3:30 P.M.
>
> We expect a big crowd so people hoping to get a book signed should come in to the store before 12 noon. If you haven't purchased a book yet it might be too late on the day so we recommend that you make your purchase in advance.

4. Who is Mr. Townsend?

(A) A store manager
(B) A famous writer
(C) A college professor
(D) A tour guide

5. What time will the event begin?

(A) 12 noon
(B) 1 P.M.
(C) 2 P.M.
(D) 3 P.M.

6. What are customers advised to do?

   (A) To arrive at the store before 12 noon
   (B) To keep the receipt for a book
   (C) To purchase more than one book
   (D) To prepare questions for Mr. Townsend

問題 4〜6 は次のお知らせに関するものです。

来週、いくつかの小説で受賞経験のある作家デイビッド・タウンゼンドが、本のサイン会のツアーの一環として当店を訪れます。

サイン会は午後 1 時に始まり、午後 3 時に終了予定です。サイン会の後、タウンゼンド氏は 3 時半まで質疑応答に応じます。

多数のお客様のご来店が予想されますので、本へのサインをご希望の方は、12 時前にご来店ください。もし本をまだご買い上げでない場合、当日では遅すぎる可能性がありますので、事前のご購入をお勧めします。

4. タウンゼンドさんは何者ですか。
    (A) ストアマネジャー
    (B) 有名な作家
    (C) 大学教授
    (D) ツアーガイド

5. イベントは何時に始まりますか。
    (A) 正午
    (B) 午後 1 時
    (C) 午後 2 時
    (D) 午後 3 時

6. お客様は何をするよう勧められていますか。
    (A) 12 時前にお店に来ること。
    (B) 本の領収書を保管すること。
    (C) 2 冊以上の本を購入すること。
    (D) タウンゼンドさんへの質問を用意すること。

本文

- **award-winning** 受賞経験のある　□ **author** 著者
- **book signing** 本のサイン会
- **available** 都合がつく
  I am available tomorrow.（明日は都合がつきます）
- **question and answer session** 質疑応答
- **expect** 予想する、期待する
- **a big crowd** たくさんの人出
- **come in to the store** 来店する　□ **yet** まだ〜ない
- **make a purchase** 購入する　□ **in advance** 前もって

設問・選択肢

- **advise** 忠告する、アドバイスする　□ **receipt** 領収書
- **more than one book** は英語では「2冊以上の本」の意味
- **prepare** 準備する

4. 正解 (B)

まず、この文書の全体像が、「書店からお客様への、book signing（本のサイン会）の案内」であることをつかむ。第1段落で David Townsend, the award-winning author（受賞経験のある著者デイビッド・タウンゼンド）と書かれているので、この人物は作家であることがわかる。award-winning（受賞経験のある）は、award-winning restaurant（賞を取ったことのあるレストラン）といった形でも使われる TOEIC 頻出語。

5. 正解 (B)

時間が選択肢に並んでいる問題は、時間表記をキーワードにして本文を検索すると効率よく解ける。ここでは、第2段落に時間表記があるのを見つけ、そこを丁寧にチェック。すると、The book signing will start at 1 P.M.（サイン会は午後1時に始まる）と書かれているので、イベントの開始時刻は午後1時だとわかる。

6. 正解 (A)

第3段落で、people hoping to get a book signed should come in to the store before 12 noon（本にサインを希望される方は、12時前にご来店ください）と書かれていることから、サイン会への参加を希望しているお客様に、書店側が12時前の来店を勧めていることがわかる。

パート7の問題を解く際、皆さんに意識していただきたいのが、「ブレーキとアクセルの使い分け」です。車を運転する際、運転経験の少ない初級者は、加速すべきところでノロノロ運転をしたり、逆に、減速すべき場所でスピードアップしたりすることがしばしばあります。前者の場合、目的地に着くのが遅くなりますし、後者の場合は事故につながりかねません。それに対して上級者は、アクセルとブレーキの踏み変えのタイミングが適切ですので、目的地に初級者よりも早く到着できますし、車をぶつけたりする回数も少なくなります。これと同じことがパート7についてもいえるのです。目的地（最後の問題）に制限時間内に到達し、なおかつ事故（ミス）の数も最小限にとどめるには、この「アクセルとブレーキの踏み変え」というスキルがとても大切です。

たとえば、問4や5を解く際、設問文と選択肢はブレーキを踏んで丁寧に読みます。その上で、問4は設問文のMr. Townsend、問5は選択肢の時間表記をキーワードにして、本文をアクセル全開で検索します。その際、本文の意味を理解する必要はありません。「キーワードを早く見つける」ことだけに意識を集中してください。キーワードが見つかったら、今度はそこでブレーキを踏んで止まり、そのキーワードが入

った文を徐行運転で丁寧に読んで解答します。

この「アクセル」と「ブレーキ」の使い分けは、パート7の問題を解く際にはとても有効なスキルですから、ぜひ普段から意識するようにしてみてください。

さあ、いよいよ本番レベルの実戦問題に挑戦です。設問10〜14はダブルパッセージです。集中して取り組みましょう。

パート7 実戦テスト

⏰ 制限時間 2分　🔊 53

Questions 1-2 refer to the following advertisement.

MIKES BIKES

767 Howard Street
Indigo, Ohio 87828

The most reliable source of cycling equipment!

To celebrate the opening of our new store in Indigo, we are holding a sale throughout March. We are offering 20 to 30 percent off all items in the store.

This is a great opportunity for people who need equipment for the Indigo International Mountain Race in April. Cyclists who register for the race at Mikes Bikes will be entered in a drawing to win a Jetway Racing Bike valued at over $1,000!

Note that this sale is on current items only, and any stock that needs to be reordered will not be discounted. So visit us soon for great bargains!

Check us out on the Web at:
www.mikesbikesindigo.com

1. What is the purpose of the advertisement?

   (A) To introduce a new bicycle
   (B) To publicize a sporting event
   (C) To announce a store opening
   (D) To explain a membership program

2. How can customers be eligible to win a bicycle?

   (A) By spending more than $1,000
   (B) By joining an online drawing
   (C) By entering a bicycle race
   (D) By donating their old equipment

Questions 3–6 refer to the following letter.

March 19

Mr. Vincent Lee
Head Engineer
JDG Construction
1923 Madden Street
Portland, OR 97233

Dear Mr. Lee,

I am writing to inform you of a decision I have made regarding the SunLi Textile Factory in Indonesia. As you are probably aware, construction has slowed significantly in recent weeks for a number of reasons. With all of the problems the plant has been facing, management there really needs assistance from someone with a lot of experience and know-how. Because you are the most qualified person for the job, I have decided to send you.

I will be assigning you an assistant who is familiar with the situation and the local culture. Her name is Mary Whitmore and she will be meeting you in Indonesia as soon as she finishes work on her current project in Australia.

There are a lot of challenges you will need to overcome at the worksite. One of the most urgent of which is finding qualified builders. Because the factory is in the mountains and far from urban areas, attracting workers with skills requires a lot of effort. JDG Construction has guaranteed that the factory will be built before the end of the year and that is not going to be easy.

Let me know the earliest you can depart and I will make all the necessary arrangements.

Sincerely,

Shinichiro Haga
Shinichiro Haga

3. Why did Mr. Haga write to Mr. Lee?

   (A) To praise his recent effort
   (B) To assign him some work
   (C) To request advice
   (D) To suggest a solution

4. Where is Ms. Whitmore currently working?

   (A) In Australia
   (B) In Indonesia
   (C) In Singapore
   (D) In the U.S.A.

5. The word "challenges" in paragraph 3, line 1, is closest in meaning to

   (A) attempts
   (B) selections
   (C) applications
   (D) problems

6. What is NOT indicated about the construction project?

   (A) There is a deadline.
   (B) There is a shortage of workers.
   (C) It requires expensive materials.
   (D) The site is remote.

Questions 7–9 refer to the following e-mail.

To:	Mr. Harold Wang <hwang@wticp.co.cn>
From:	Traveltopia Hotel <bookings@traveltopia.com>
Date:	September 19
Subject:	November 3–11

Thank you for booking a room at Traveltopia, a beautiful 24-story hotel in sunny Westfield. This e-mail has been sent to confirm your reservation details. You have reserved a single room on the second floor, which overlooks the swimming pool and is close to the gym on the first floor.

Guests have unlimited use of all of the facilities on the first floor. This includes the gym, the business center, the swimming pool and the golf course. Only the golf course is not available 24 hours a day. It is open daily from 6 A.M. to 6 P.M. The golf shop on the first floor charges for equipment rental, but guests can receive a 50 percent discount by showing their room key to shop staff.

The hotel has two world-class restaurants: the Lagoon Room and Panoramas. A buffet breakfast is available to all guests in the Lagoon Room on the second floor every morning from 6 A.M. to 10 A.M. and the restaurant is also open for lunch and dinner. Panoramas is on the building's top floor. It is a revolving restaurant with huge windows offering a 360-degree view of the wonderful beaches and mountains of Westfield. It is a very popular restaurant, open for lunch and dinner, so be sure to make a reservation.

We look forward to serving you,

Cheryl Laurence
Traveltopia Hotel

7. What is the purpose of the e-mail?

  (A) To request payment in advance
  (B) To advertise a resort
  (C) To offer special discounts
  (D) To confirm a booking

8. What is located on the 24th floor of the hotel?

  (A) A viewing platform
  (B) A business center
  (C) A restaurant
  (D) A golf shop

9. What is suggested about the Lagoon Room?

  (A) It has mountain views.
  (B) It features local dishes.
  (C) It is closed at dinner time.
  (D) It is open seven days a week.

Questions 10–14 refer to the following e-mails.

E-Mail Message

From:	Patty Lane
To:	Rusty James
Subject:	Application for employment

Dear Mr. James,

My name is Patty Lane and I am writing with regard to the production assistant position advertised in the Freemont Times. I have a degree in marketing from Hinton University and have been working as a copywriter at R&F Advertising for the past three years. Before working for R&F, I spent 12 months as a photographer's assistant.

I have learned a lot in both of these positions; however, I would like to further my career by working in television production, an area that I have wanted to work in since my second year of university. Attached are my résumé and cover letter for your consideration. Also attached is a recording of a radio advertisement that I produced earlier this year.

I look forward to hearing from you.

Sincerely,

Patty Lane

From:	Rusty James
To:	Patty Lane
Subject:	Re: Application for employment

Dear Ms. Lane,

Thank you for sending us your résumé. Note that you forgot to attach the other document you mentioned in your e-mail.

Regrettably, I cannot interview you at this time for the production assistant position because candidates are required to have experience in TV production. Another opening, however, has become available for a permanent production crew member, a position that includes on-the-job training. I recommend that you consider applying for this position because it would give you the experience you need to get into film and television production. We have not advertised this job in the newspaper yet; the job description is attached. Please read the description, and if you are interested or require more information, you can give me a call at 555-8928.

Sincerely,

Rusty James

10. Where did Ms. Lane find the job opening?

  (A) In a newspaper
  (B) On a Web site
  (C) On the radio
  (D) At a workshop

11. Where does Ms. Lane currently work?

  (A) At a photo studio
  (B) At a manufacturing facility
  (C) At an advertising agency
  (D) At a TV station

12. Why did Mr. James send an e-mail?

  (A) To set up an interview
  (B) To make a suggestion
  (C) To request additional information
  (D) To advertise a service

13. What did Ms. Lane forget to include with her e-mail?

  (A) A list of references
  (B) A résumé
  (C) A work sample
  (D) A cover letter

14. How can Ms. Lane get more information about a production crew member position?

(A) By checking a newspaper
(B) By calling Mr. James
(C) By watching a TV program
(D) By visiting a Web site

パート7　実戦テスト　解答・解説

問題1～2は次の広告に関するものです。

マイクズバイクス
ハワード通り　767番地
オハイオ州インディゴ　87828

最も信頼できるサイクリング用品店！

インディゴでの新店オープンを記念いたしまして、3月いっぱいセールを行います。お店にある全商品が20パーセントから30パーセント引きになります。

4月に開催されるインディゴ国際マウンテンバイクレース用のグッズが必要な方にとっては絶好の機会です。当店でレースの申し込みをされたお客様には、1,000ドル以上するジェットウエイ社の競技用自転車が当たる抽選にご参加いただけます。

セールは現在在庫のある商品のみに限らせていただきます。追加で注文が必要な商品は割引対象外です。お買い得品を逃さないよう、ぜひ早めにご来店ください。

当店についてはホームページ www.mikesbikesindigo.com をご覧ください。

1. 広告の目的は何ですか。
   (A) 自転車の新商品を紹介すること
   (B) スポーツイベントの告知をすること
   (C) お店のオープンを知らせること
   (D) 新しい会員プログラムの説明をすること

2. どうすればお客様は自転車が当たる権利を得ることができますか。
   (A) 1,000 ドル以上使う
   (B) オンラインでの抽選に参加する
   (C) 自転車レースに申し込む
   (D) 古い用品を寄付する

本文
- **reliable** 信頼できる　□ **source** 源
- **equipment** 用品　□ **celebrate** 祝う
- **opening** 開店　□ **hold a sale** セールを開催する
- **throughout March** 3月中ずっと　□ **item** 品物
- **opportunity** 機会　□ **cyclist** 自転車に乗る人
- **register** 登録する
- **enter in a drawing** 抽選にエントリーする
- **valued at〜** 〜の価値がある
- **note that〜** 〜にご注意ください　□ **current** 現在の
- **reorder** 追加注文する　□ **bargain** お買い得品

設問・選択肢
- **introduce** 紹介する　□ **publicize** 告知する、宣伝する
- **announce** 発表する　□ **explain** 説明する
- **membership program** 会員プログラム
- **be eligible to do** 〜する権利がある
  〈be eligible for + 名詞〉の形でも同じ意味を表すことができる。
  Employees are eligible for leave.（従業員は休暇取得の権利がある）
  ※leave はここでは名詞で「休暇」の意味。
- **donate** 寄付する

解答・解説

1. 正解 (C)

広告の目的を問う問題は、「見出し、太字や大文字、第1段落」を丁寧に読めばほとんど解ける。ここでは、太字と見出しの情報から、この文書が自転車用品店の宣伝であるこ

とがわかる。さらに第1段落を読むと、冒頭で、To celebrate the opening of our new store in Indigo, we are holding a sale throughout March.（インディゴでの新店オープンを記念いたしまして、3月いっぱいセールを行います）と書かれていることから、自転車用品店からお客様への新店オープンの告知であることがわかる。

2. 正解 (C)

設問文の「be eligible to do（〜する権利がある）」の意味がわからなくても、to win a bicycle「自転車を勝ち取る」の部分をキーワードにすれば、本文の第2段落にある to win a Jetway Racing Bike が見つかるので、その部分を丁寧に読む。すると、Cyclists who register for the race at Mikes Bikes will be entered in a drawing to win a Jetway Racing Bike valued at over $1,000!（当店でレースの申し込みをされたお客様には、1,000ドル以上するジェットウエイ社の競技用自転車が当たる抽選にご参加いただけます）。と書かれていることから、この店で自転車のレースにエントリーすれば、1,000ドル以上する自転車が当たる抽選に参加できることがわかる。

広告の問題を解く際は、この広告が自分宛てに届いたと意識して読むと楽しく読めますし、内容も理解しやすくなります。ある日、自分の家の郵便受けを開けたらこの広告が入っていて、自分がちょうど自転車レースに出ようと思っていたと仮定して読むのです。「ん、サイクリングショップができるのか。3月中はセールもやってるし、この店でレースに登録したら10万円以上する自転車が当たるかもしれないって書いてあるぞ。ちょうど出ようと思ってたんだよ。こ

りゃツてるなあ。今週末にでもさっそく行ってみよう」といった形です。リスニングのパート2・4対策として、「主人公は私」「聞き手は私」という意識を持つことが大切だとご説明しましたが、パート7では、「受け手は私」ということを意識することがスコアアップのためにはとても大切です。

問題 3〜6 は次の手紙に関するものです。

3 月 19 日

ビンセント・リー様
主任エンジニア
JDG コンストラクション社
マッデン通り　1923 番地
オレゴン州ポートランド　97233

リー様

インドネシアにあるスンリ繊維工場に関して、私が下した結論についてお知らせするためにお手紙しています。おそらくお気づきのことと思いますが、さまざまな理由により、ここ数週間工場の建設工事のペースがかなり落ちています。工場はたくさんの問題を抱えているため、工場の経営陣は、豊富な経験やノウハウを持った人物のサポートを必要としています。あなたがこの仕事に最も適任なので、あなたを派遣することに決めました。

あなたには、現在の状況や地元の文化に詳しいアシスタントをつけます。彼女の名前はメアリー・ホイットモアで、オーストラリアでの今のプロジェクトが終了次第、インドネシアであなたに合流します。

現地では、克服しなければならないたくさんの課題があります。最も緊急の課題は、有能な建築作業員を見つけることです。工

場が山間部にあり、都心から遠く離れているため、スキルの高い作業員の興味を引くには相当の努力が必要です。JDGコンストラクション社は、工場を年末までに建てると保証したのですが、これは簡単なことではありません。

早ければいつ出発できるかをご連絡ください。必要な手配はすべてこちらで行います。

敬具

シンイチロウ・ハガ

3. なぜハガさんはリーさんに手紙を書いたのですか。
    (A) 彼の最近の仕事ぶりをほめるため
    (B) ある仕事を彼に任せるため
    (C) アドバイスを求めるため
    (D) 解決策を提案するため

4. ホイットモアさんは現在どこで働いていますか。
    (A) オーストラリア
    (B) インドネシア
    (C) シンガポール
    (D) アメリカ

5. 第3段落・1行目の challenges に最も近い意味の語は
    (A) 試み
    (B) 選択
    (C) 応募
    (D) 問題

6. 建設プロジェクトについて示されていないことは何ですか。
    (A) 期限がある。
    (B) 作業員が不足している。

(C) 高い材料が必要である。
(D) 現場が人里離れた場所にある。

本文

- 〈**inform** + 人 + **of**〜〉 人に〜を知らせる
- **decision** 決断、決定 □ **regarding** 〜に関して
- **textile** 繊維 □ **be aware** 気づいている
- **construction** 建設作業 □ **slow** 遅くなる
- **significantly** かなり、著しく □ **recent** 最近の
- **a number of** 〜 たくさんの〜 □ **with** 〜が原因で
- **face** 直面する □ **management** 経営陣
- **assistance** 援助 □ **qualified** 適任の
- **assign** 割り当てる、任命する
- **be familiar with**〜 〜をよく知っている
- **overcome** 克服する □ **worksite** 仕事の現場、職場
- **urgent** 緊急の □ **which** ここではchallengesを指す
- **builder** 建設作業員 □ **urban** 都会の
- **attract** 引きつける □ **effort** 努力
- **guarantee** 保証する、請け負う □ **depart** 出発する
- **make necessary arrangement** 必要な手配を行う

設問・選択肢

- **praise** 称賛する □ **assign** 任命する、割り当てる
- **solution** 解決策 □ **indicate** 示す
- **deadline** 期限 □ **shortage** 不足
- **expensive** 高価な □ **site** 場所
- **remote** 人里離れている、遠い

解答・解説

3. 正解 (B)

手紙の目的を問う問題。英文では、通常、最も大切なことは最初の段落に書かれるので、このタイプ問題を解くカギは、最初の段落にあるケースが多いことを覚えておこう。第

1段落では、インドネシアの工場の建設が思うように進まず、経験とノウハウが豊富な人のサポートが必要だという現状が述べられ、最後に、Because you are the most qualified person for the job, I have decided to send you.（あなたがこの仕事に最も適任なので、あなたを派遣することに決めました）と書かれていることから、ハガさんがリーさんに、問題解決のための役割を任せたことがわかる。

4. 正解 (A)

Ms. Whitmore というキーワードで本文をアクセル全開で検索。すると第2段落に Her name is Mary Whitmore が見つかり、and she will be meeting you in Indonesia as soon as she finishes work on her current project in Australia.（オーストラリアでの今のプロジェクトが終了次第、インドネシアであなたに合流します）と書かれていることから、彼女は現在オーストラリアでプロジェクトに携わっていることがわかる。

5. 正解 (D)

同義語問題と呼ばれるタイプの問題で、毎回2〜4問程度出題される。「challenges はどういう意味の単語ですか」ではなく、「この文の中で challenges という単語はどういう意味で使われていますか」ということが問われているのに注意。ここでの challenges は、a lot of challenges you will need to overcome という形で、「克服すべきたくさんの『課題』」という意味で使われていることから、(D)problems（課題、問題）が正解。(A) attempts（試み）、(B) selections（選択）、(C) applications（応募）はいずれも意味が通じない。この同義語問題は600点レベル以上の問題なので、選択肢の単語の

意味や、overcome（乗り越える、克服する）の意味がわからない場合は、すばやく勘マークで次に進もう。時間を使いすぎないことの方が大切。challenge は英語では、「困難だけどやりがいのあること」の意味だということも覚えておこう。

6. 正解 (C)

設問に大文字の NOT がついているタイプの問題。選択肢を1つ1つ本文の内容と照らし合わせて、建設プロジェクトについて**書かれていないこと**を選ぶ。このタイプの問題を解く際は、「×（本文の内容と合わないもの）」か「ナシ（本文に書かれていないもの）」を選ぶことを意識しよう。そうしないとうっかり「○（本文の内容と一致するもの）」を選んでしまう。ここでは、本文のどこにも書かれていない (C) が「ナシ」なのでこれが正解。(A) は第3段落の最後に、JDG Construction has guaranteed that the factory will be built before the end of the year（JDG コンストラクション社は、工場を年末までに建てると保証した）と書かれているので「○」、(B) も、第3段落で、One of the most urgent of which is finding qualified builders.（最も緊急の課題は、有能な建築作業員を見つけることです）とあるので「○」、(D) は、同じく第3段落に、the factory is in the mountains and far from urban areas（工場が山間部にあり、都心から遠く離れている）とあるのでこれも「○」。「NOT 問題は×かナシを選ぶ」と覚えておこう。

試験の際、難しい問題を何とか解こうとして必要以上に粘ってはいけません。たとえば、この問5の同義語問題は、単語の意味がわからないと絶対に解けませんから、

ちょっと考えてわからないと思ったら、いさぎよくあきらめましょう。「そう言われてもあきらめられない」とおっしゃる方のために一言。「あきらめる」とは、「明らかに究(きわ)めること」だと作家の五木寛之さんが著書の中でおっしゃっています。「物事を明らかにし、その本質を究めること。勇気を持って真実を見極め、それを認めること」が「あきらめる」ということなのだと五木さんは述べられています。これは TOEIC でも同じです。自分自身の実力と、試験の残り時間を冷静に見極め、解くべき問題とそうでない問題を的確に判断し、ときには「あきらめ」、限られた時間の中で自分のスコアを最大化するために全力を尽くす、というのが「時間管理」の基本であり鉄則です。「あきらめる勇気」を持ちましょう。

問題 7〜9 は次のメールに関するものです。

宛先：ハロルド・ワン <hwang@wticp.co.cn>
差出人：トラベルトピアホテル <bookings@traveltopia.com>
日付：9月19日
件名：11月3〜11日

太陽が降り注ぐウエストフィールドにある美しい24階建てのホテル、トラベルトピアでのお部屋をご予約いただきありがとうございます。このメールは、ご予約の詳細確認のために送られています。ご予約されましたのは、2階のシングルルームで、スイミングプールが見え、1階にあるジムにも近いお部屋です。

お客様には、1階にある施設をすべて何度でもご利用いただけます。これらの施設には、ジム、ビジネスセンター、スイミングプール、ゴルフコースが含まれます。ゴルフコースだけは24時間営業ではありません。毎日朝6時から午後6時までの営業

となっております。1階にあるゴルフショップでは、ゴルフ道具のレンタルも有料で行っておりますが、宿泊客は店員にルームキーを見せていただければ、50パーセント割引となります。

ホテルには、世界屈指のレストランが2軒あります。ラグーンルームとパノラマズです。宿泊される皆様は、2階にあるラグーンルームで、毎朝6時から10時まで、バイキング形式の朝食をご利用いただけます。このレストランはランチとディナー時にも営業しております。パノラマズは、建物の最上階にあります。巨大な窓から、ウエストフィールドの美しいビーチと山並みを360度見渡せる回転式のレストランです。とても人気のあるレストランで、ランチとディナー時に営業しておりますので、ご予約をお忘れなく。

ご来館お待ち申し上げております。

シェリル・ローレンス
トラベルトピアホテル

7. メールの目的は何ですか。
    (A) 前払いを依頼すること
    (B) リゾートを宣伝すること
    (C) 特別な割引を行うこと
    (D) 予約の確認をすること

8. ホテルの24階にあるものは何ですか。
    (A) 展望台
    (B) ビジネスセンター
    (C) レストラン
    (D) ゴルフショップ

9. ラグーンルームについて何が示されていますか。
   (A) 山が見える。
   (B) 郷土料理を売りにしている。
   (C) ディナー時には閉まっている。
   (D) 週7日営業している。

本文
- **book** 予約する
- **24-story** 24階建ての
- **sunny** 日のよく当たる
- **confirm** 確認する
- **reservation details** 予約の詳細
- **reserve** 予約する
- **overlook** 見下ろす
- **be close to~** ~に近い
- **unlimited** 無制限の
- **facility** 施設
- **charge** 請求する
- **equipment** 道具
- **world-class** 世界屈指の
- **buffet** ビュッフェ式の、バイキング式の
- **revolving** 回転式の
- **huge** 巨大な
- **360-degree** 360度の
- **view** 景色
- **make a reservation** 予約する
- **We look forward to serving you.**「ご来店お待ち上げております」という決まり文句。

設問・選択
- **in advance** 前もって
- **viewing platform** 展望台
- **feature** 売りにする
- **local dishes** 郷土料理

解答・解説

7. 正解 (D)

メールの目的を問う問題なので、第1段落に注目。すると、2つ目の文で、This e-mail has been sent to confirm your reservation details.（このメールは、ご予約の詳細確認のために送られています）とあるので、メールの目的が予約の確

認であることがわかる。この問題文でもそうだが、手紙やメールの冒頭では、This is to do〜、This e-mail is to do〜、I am writing to do〜といった形で、to do〜の部分に文書の目的が書かれているケースがよくあるので、こうした表現を見つけたら、to do〜の部分はしっかり読もう。

8. 正解 (C)

設問文の the 24th floor（24階）という数字をキーワードにして本文をチェックすると、冒頭で、24-story hotel（24階建てのホテル）と書かれているのが見つかる。第3段落で、Panoramas is on the building's top floor.（パノラマズは、建物の最上階にあります）と書かれていることから、これらの情報をつなぎ合わせると、このレストランがホテルの最上階の24階にあることがわかる。

9. 正解 (D)

第3段落に、A buffet breakfast is available to all guests in the Lagoon Room on the second floor every morning from 6 A.M. to 10 A.M.（宿泊される皆様は、2階にあるラグーンルームで、毎朝6時から10時まで、バイキング形式の朝食をご利用いただけます）とあるので、このレストランは毎日営業していると判断できる。そのほかの選択肢を見ると、山が見えるレストランはパノラマズで、料理の内容についての記述は本文中になく、先ほどの文の続きに、and the restaurant is also open for lunch and dinner と書かれていることから、このレストランはディナー時にも営業していることがわかるので、いずれも本文の内容と合わない。

本番では、この文書のように、段落が3つ以上あるやや長めのメールや手紙も出題されます。本番のテストでは、こうした長めの文書を最初から最後まで読んでいる時間は、残念ながらありません。そこでお勧めなのが、<u>「最初の段落は最初の3文」＋「2段落目以降は最初の1文」のみに目を通して話の流れをつかむ、という読み方</u>です。たとえばこの文書では、その部分を読むことで、「ホテルからの予約の詳細確認」→「1階の施設の紹介」→「レストランの紹介」という文書全体の話の流れがつかめます。それがつかめたら、すぐに設問に移り、アクセルとブレーキをうまく使い、効率よく解くのです。こうした読み方は、「パラグラフ・リーディング」と呼ばれ、段落の多い長めの文書を効率よく読むにはとても効果的なスキルですので、ぜひ普段の演習の際に取り入れてみてください。

問題 10〜14 は次の 2 つのメールに関するものです。

差出人：パティ・レーン
宛先：ラスティ・ジェームス
件名：求人への応募

ジェームス様

パティ・レーンと申します。フリーモント・タイムズ紙に掲載されておりました制作アシスタントの職に関してメールしています。私はヒントン大学でマーケティングの学位を取り、R&F 広告社でこの 3 年間コピーライターとして勤務しております。R&F で勤務する以前は、写真家のアシスタントとして 1 年間働いていました。

この2つの仕事を通じてたくさんのことを学んだのですが、大学2年次からずっと働いてみたいと思っていたテレビの番組制作の仕事をすることでキャリアアップしたいと思っています。履歴書とカバーレターを添付いたしますので、ご検討ください。今年の初めに制作したラジオCMの録音サンプルも添付いたします。

ご連絡お待ち申し上げます。

敬具

パティ・レーン

差出人：ラスティ・ジェームス
宛先：パティ・レーン
件名：求人への応募

レーン様

履歴書をご送付いただきありがとうございます。メールに書かれていたもう1つの書類の添付をお忘れになったようですのでご確認ください。

残念ながら、今回の制作アシスタント職については、応募条件としてTV番組の制作経験が必須のため、面接に進んでいただくことができません。しかしながら、現場研修が受けられる制作班の正社員職に空きが出ました。映画やTV制作の世界に入るために必要な経験をすることができる仕事ですので、この職への応募をご検討されることをお勧めします。まだこの職に関しては新聞広告を出していません。職務内容を添付しますので、ご一読いただき、ご興味がある、あるいはもっと詳しく知りたいと思われましたら、私宛て555-8928にお電話ください。

敬具

ラスティ・ジェームス

10. レーンさんはどこで求人を見つけましたか。
    (A) 新聞で
    (B) ホームページで
    (C) ラジオで
    (D) ワークショップで

11. レーンさんは現在どこで働いていますか。
    (A) 写真スタジオ
    (B) 製造施設
    (C) 広告代理店
    (D) TV 局

12. ジェームスさんはなぜメールを送ったのですか。
    (A) 面接を設定するため
    (B) 提案を行うため
    (C) 追加の情報を依頼するため
    (D) サービスの宣伝をするため

13. レーンさんがメールに添付するのを忘れたのは何ですか。
    (A) 照会先のリスト
    (B) 履歴書
    (C) 作品サンプル
    (D) カバーレター

14. レーンさんはどうすれば制作班の職についてのより詳しい情報を得られますか。
    (A) 新聞をチェックすることによって
    (B) ジェームスさんに電話することによって
    (C) TV 番組を見ることによって
    (D) ホームページを訪問することによって

1つ目のメール

- **application** 応募 □ **employment** 雇用
- **with regard to~** ~に関して (= regarding)
- **production assistant** 制作アシスタント □ **position** 職
- **degree** 学位 □ **the past three years** この3年間
- **further my career** キャリアアップする
- **attach** 添付する □ **résumé** 履歴書
- **cover letter** カバーレター（履歴書に書かれていること以外のことをカバーする書類のこと）
- **consideration** 考慮、検討 □ **recording** 録音
- **I look forward to hearing from you.**
  「お返事お待ちしております」という意味の定型表現

2つ目のメール

- **note that~** ~についてお知らせします
- **candidate** 候補者
- **be required to do** ~することを必要とされる
- **opening** 空き □ **permanent** 常勤の、正社員の
- **production crew** 制作班
- **on-the-job training** 現場研修、実地訓練
- **recommend** 勧める □ **apply for** ~に応募する
- **get into~** ~に入る □ **film** 映画 □ **yet** まだ~ない
- **job description** 職務内容

設問・選択肢

- **job opening** 求人 □ **currently** 現在 □ **facility** 施設
- **agency** 代理店 □ **set up an interview** 面接を設定する
- **suggestion** 提案 □ **additional** 追加の

解答・解説

10. 正解 (A)

レーンさんは最初のメールの差出人で、冒頭で、I am writing with regard to the production assistant position advertised in the Freemont Times.（フリーモント・タイム

ズ紙に掲載されておりました制作アシスタントの職に関してメールしています）と述べていることから、彼女が新聞の求人広告を見て応募していることがわかる。

11. 正解 (C)

レーンさんの現在の仕事を問う問題。最初のメールの第1段落で、I have a degree in marketing from Hinton University and have been working as a copywriter at R&F Advertising for the past three years. （私はヒントン大学でマーケティングの学位を取り、R&F広告社でこの3年間コピーライターとして勤務しております）と述べていることから、彼女が今は広告代理店に勤務していることがわかる。

12. 正解 (B)

ジェームスさんは2つ目のメールの差出人です。下のメールの内容を確認する。このメールの第2段落で、今回応募した職では採用できないが、別の職に空きが出たので、I recommend that you consider applying for this position（この職への応募をご検討されることをお勧めします）と述べられている。つまり、ジェームスさんはレーンさんに別の職へ応募を提案しているので、これがメールを出した目的の1つといえる。

13. 正解 (D)

1セットに1～2問（ほとんどは1問）出題される、2つの文書の両方を読んで解くタイプの問題。まず、2つ目のメールの冒頭で、Thank you for sending us your résumé. Note that you forgot to attach the other document you mentioned in your e-mail. （履歴書をご送付いただきありがと

うございます。メールに書かれていたもう1つの書類の添付をお忘れになったようですのでご確認ください)と書かれていることをチェックし、この「もう1つの書類」の内容を確認するため、1つ目のメールをチェック。すると、第2段落の後半に、Attached are my résumé and cover letter for your consideration.(履歴書とカバーレターを添付いたしますので、ご検討ください)とあるので、レーンさんが送り忘れたのはカバーレターだとわかる。カバーレターというのは、文字通り、履歴書に書かれていない内容をカバーする手紙のこと。「私はXXXなので、御社にとって最適な人物です」といった自己PR等、履歴書の中身以外の情報を添付することで、ほかの応募者との違いを出すための書類。(C)の「作品サンプル」は document (書類) ではない。

14. 正解 (B)

2つ目のメールで、Another opening, however, has become available for a permanent production crew member (しかしながら、制作班の正社員職に空きが出ました) と述べた後、レーンさんにこの職への応募を勧め、最後に、if you are interested or require more information, you can give me a call at 555-8928. (ご興味がある、あるいはもっと詳しく知りたいと思われましたら、私宛 555-8928 にお電話ください) と述べていることから、レーンさんはジェームスさんに電話をすれば、この職についてのより詳細な情報が得られることがわかる。

🙂　2つの文書を読んで質問に答えるタイプの問題を解く際の基本は、「上はしっかり、下はさらっと」です。まずは、上の文書の「差出人・宛先・目的」という全体像を把握します。それができたら、次に下の文書をチェック。この時点では、上の文書との関係さえつかめたらOKです。時間が無くなってしまうので、それ以上深入りしてはいけません。すぐに設問に移ってください。たとえばこの問題では、上が求人への応募メールで、下はメールのToとFromが上のメールと逆になっていますから、返信であることがわかります。それがわかったら、すぐに設問に進むのです。また、DP（2つの文書を読んで解くDouble Passage）は、SP（1つの文書を読んで解くSingle Passage）と比較して見た目が難しそうですが、必ずしもそうではありません。むしろ、SPの最後の方の文書の方が難しいことが多いので、残り時間が20分になったら、SPの残りを解くのではなく、DPに移動することをお勧めします。DPを恐れて後回しにするのではなく、「短いSPが2つ並んでるだけ」という意識を持って、積極的にチャレンジしてみましょう。意外と解けますよ。

最後に

　まず、この本をここまで読み進めてきた皆さんに拍手を送らせていただきます。パチパチパチ。TOEICの対策本って、最後まで読み進めるのはとっても大変です。それを最後まで読んだだけでも大変な進歩です。自分、この短期間にずいぶん成長したなあ。ほんまに。着実に600点に近づいとるで、と私の生まれ故郷の大阪弁でコメントしたくなります。

　「ほめていただいてこんなこと言うのは何ですが、読んだだけで内容がまだちゃんと理解できてないんですけど」と真面目なことをおっしゃる方、読んだだけでも進歩じゃないですか。そうやって一歩一歩前に進むことが大事なんです。自分をほめてあげてください。

　「千里の道も一歩から」を、英語では、「Every journey begins with a single step.」と言います。これは、「どんな旅も最初の一歩から始まる」という意味ですが、皆さんはこの本を読むことで、TOEIC 600点への a single step を踏み出されたわけです。ぜひその歩みを止めず、目標に向かって着実に前進してください。

Good luck!

実戦テスト パート1〜4 解答用紙

LISTENING SECTION

Part 1

No.	ANSWER
	A B C D
1	Ⓐ Ⓑ Ⓒ Ⓓ
2	Ⓐ Ⓑ Ⓒ Ⓓ
3	Ⓐ Ⓑ Ⓒ Ⓓ
4	Ⓐ Ⓑ Ⓒ Ⓓ

Part 2

No.	ANSWER
	A B C
1	Ⓐ Ⓑ Ⓒ
2	Ⓐ Ⓑ Ⓒ
3	Ⓐ Ⓑ Ⓒ
4	Ⓐ Ⓑ Ⓒ
5	Ⓐ Ⓑ Ⓒ
6	Ⓐ Ⓑ Ⓒ
7	Ⓐ Ⓑ Ⓒ
8	Ⓐ Ⓑ Ⓒ
9	Ⓐ Ⓑ Ⓒ
10	Ⓐ Ⓑ Ⓒ

Part 3

No.	ANSWER
	A B C D
1	Ⓐ Ⓑ Ⓒ Ⓓ
2	Ⓐ Ⓑ Ⓒ Ⓓ
3	Ⓐ Ⓑ Ⓒ Ⓓ
4	Ⓐ Ⓑ Ⓒ Ⓓ
5	Ⓐ Ⓑ Ⓒ Ⓓ
6	Ⓐ Ⓑ Ⓒ Ⓓ
7	Ⓐ Ⓑ Ⓒ Ⓓ
8	Ⓐ Ⓑ Ⓒ Ⓓ
9	Ⓐ Ⓑ Ⓒ Ⓓ

Part 4

No.	ANSWER
	A B C D
1	Ⓐ Ⓑ Ⓒ Ⓓ
2	Ⓐ Ⓑ Ⓒ Ⓓ
3	Ⓐ Ⓑ Ⓒ Ⓓ
4	Ⓐ Ⓑ Ⓒ Ⓓ
5	Ⓐ Ⓑ Ⓒ Ⓓ
6	Ⓐ Ⓑ Ⓒ Ⓓ
7	Ⓐ Ⓑ Ⓒ Ⓓ
8	Ⓐ Ⓑ Ⓒ Ⓓ
9	Ⓐ Ⓑ Ⓒ Ⓓ

実戦テスト パート5〜7 解答用紙

READING SECTION

Part 5

No.	ANSWER (A B C D)	No.	ANSWER (A B C D)	No.	ANSWER (A B C D)
1	Ⓐ Ⓑ Ⓒ Ⓓ	11	Ⓐ Ⓑ Ⓒ Ⓓ	21	Ⓐ Ⓑ Ⓒ Ⓓ
2	Ⓐ Ⓑ Ⓒ Ⓓ	12	Ⓐ Ⓑ Ⓒ Ⓓ	22	Ⓐ Ⓑ Ⓒ Ⓓ
3	Ⓐ Ⓑ Ⓒ Ⓓ	13	Ⓐ Ⓑ Ⓒ Ⓓ	23	Ⓐ Ⓑ Ⓒ Ⓓ
4	Ⓐ Ⓑ Ⓒ Ⓓ	14	Ⓐ Ⓑ Ⓒ Ⓓ	24	Ⓐ Ⓑ Ⓒ Ⓓ
5	Ⓐ Ⓑ Ⓒ Ⓓ	15	Ⓐ Ⓑ Ⓒ Ⓓ	25	Ⓐ Ⓑ Ⓒ Ⓓ
6	Ⓐ Ⓑ Ⓒ Ⓓ	16	Ⓐ Ⓑ Ⓒ Ⓓ	26	Ⓐ Ⓑ Ⓒ Ⓓ
7	Ⓐ Ⓑ Ⓒ Ⓓ	17	Ⓐ Ⓑ Ⓒ Ⓓ	27	Ⓐ Ⓑ Ⓒ Ⓓ
8	Ⓐ Ⓑ Ⓒ Ⓓ	18	Ⓐ Ⓑ Ⓒ Ⓓ	28	Ⓐ Ⓑ Ⓒ Ⓓ
9	Ⓐ Ⓑ Ⓒ Ⓓ	19	Ⓐ Ⓑ Ⓒ Ⓓ	29	Ⓐ Ⓑ Ⓒ Ⓓ
10	Ⓐ Ⓑ Ⓒ Ⓓ	20	Ⓐ Ⓑ Ⓒ Ⓓ		

Part 6

No.	ANSWER (A B C D)
1	Ⓐ Ⓑ Ⓒ Ⓓ
2	Ⓐ Ⓑ Ⓒ Ⓓ
3	Ⓐ Ⓑ Ⓒ Ⓓ

Part 7

No.	ANSWER (A B C D)	No.	ANSWER (A B C D)
1	Ⓐ Ⓑ Ⓒ Ⓓ	11	Ⓐ Ⓑ Ⓒ Ⓓ
2	Ⓐ Ⓑ Ⓒ Ⓓ	12	Ⓐ Ⓑ Ⓒ Ⓓ
3	Ⓐ Ⓑ Ⓒ Ⓓ	13	Ⓐ Ⓑ Ⓒ Ⓓ
4	Ⓐ Ⓑ Ⓒ Ⓓ	14	Ⓐ Ⓑ Ⓒ Ⓓ
5	Ⓐ Ⓑ Ⓒ Ⓓ		
6	Ⓐ Ⓑ Ⓒ Ⓓ		
7	Ⓐ Ⓑ Ⓒ Ⓓ		
8	Ⓐ Ⓑ Ⓒ Ⓓ		
9	Ⓐ Ⓑ Ⓒ Ⓓ		
10	Ⓐ Ⓑ Ⓒ Ⓓ		

✂ キリトリ

著者紹介

TEX 加藤 (テックス・かとう)

1967年大阪府生まれ。神戸市外国語大学外国語学部英米学科卒。大手メーカーの米軍基地担当、外資系小売業バイヤーを経て、大手玩具メーカーで商品企画に携わり数々のヒット商品を生み出す。現在、明海大学、神田外語学院、エッセンスイングリッシュスクールで TOEIC TEST 講師を務める。2009〜2010年の TOEIC 公開テスト・IP テストで16回990点（平均988点）を達成。英検1級。共著に『1日1題！ 新 TOEIC®TEST 読解特急』『新 TOEIC®TEST 読解特急 スピード強化編』（以上、小社）、『新 TOEIC®テスト BEYOND990 超上級問題＋プロの極意』（アルク）など多数ある。

Ross Tulloch (ロス タロック)

オーストラリアクイーンズランド州のグリフィス大学ビジネス科卒業。近畿日本ツーリスト入社後、ツアーコーディネーターとして6年勤務。クイーンズランド工科大学で英語講師資格（TESOL）修得後、日本へ渡る。公立中学校を経て、現在、岡山学芸館高等学校勤務。TOEIC 990点（最高点）取得。共著に『新 TOEIC® テスト BEYOND 990 超上級問題＋プロの極意』『3週間で攻略 新 TOEIC® テスト 470点！』『5日で攻略 新 TOEIC® テスト 470点！』（以上、アルク）がある。

新 TOEIC® TEST 入門特急
とれる 600 点

2011 年 3 月 30 日　第 1 刷発行

著　者	TEX 加藤 Ross Tulloch
発行者	小島　清
装　丁 本文デザイン イラスト	川原田 良一 コントヨコ cawa-j ☆ かわじ
印刷所 発行所	大日本印刷株式会社 朝日新聞出版 〒 104-8011　東京都中央区築地 5-3-2 電話 03-5541-8814（編集）　03-5540-7793（販売） © 2011 TEX Kato, Ross Tulloch Published in Japan by Asahi Shimbun Publications Inc. ISBN 978-4-02-330916-6 定価はカバーに表示してあります。 落丁・乱丁の場合は弊社業務部（電話 03-5540-7800）へご連絡ください。 送料弊社負担にてお取り替えいたします。